LA COMMUNAUTÉ

C'EST L'ESCLAVAGE ET LE VOL.

Mézières, imprimerie de DEFARGE, succ[r] de Trécourt

LA COMMUNAUTÉ

C'EST L'ESCLAVAGE ET LE VOL

OU

THÉORIE DE L'ÉGALITÉ ET DU DROIT;

PAR M. AVRIL.

> Les Communistes seront des huîtres attachées côte à côte, sans activité ni sentiment, sur le rocher de la fraternité....
>
> PROUDHON (*Contrad. économiques.*)

PARIS,

LIBRAIRIE DE GUILLAUMIN ET Cie,

Éditeur du Journal des Économistes, de la Collection des principaux Économistes,

DU DICTIONNAIRE DU COMMERCE ET DES MARCHANDISES, ETC.

rue Richelieu, 14.

1848

Septembre 1848.

Quand la Révolution de Février éclata tous les hommes appliqués depuis longtemps à l'étude des phénomènes sociaux, pouvaient prévoir que bientôt deux courants allaient se disputer les esprits, jusqu'à ce que l'un des deux acquit une prépondérance invincible. Les deux influences qui entraînaient la société, portaient au fond de leurs agitations les deux problèmes de la propriété et de la communauté; les plus grands peut-être qu'il ait été donné à un peuple de résoudre.

Aujourd'hui, il n'en faut plus douter, la propriété triomphe partout, et les théories aventurées par MM. Cabet et Louis Blanc succombent heureusement sous l'évidence d'une expérience rapidement faite et d'une répulsion, qui emprunte peut-être trop d'amertume au souvenir des inquiétudes qu'inspirait naguère une lutte incertaine.

Oui, la propriété triomphe : que Dieu en soit béni pour le bonheur du pays, pour la marche de la civilisation, pour l'avénement plus prochain de la *vraie liberté!* Mais que la propriété y songe bien, après sa victoire il lui reste des devoirs à remplir et par malheur si elle venait à se redresser immobile, exclusive, impitoyable, la lutte recommencerait bientôt, lutte plus ardente, plus acharnée que jamais, car si son principe est à jamais respectable, il n'en serait pas de même de sa tyrannie.

Il s'est rencontré dans le monde un homme qui a dit au capital :

« Il y a en toi quelque chose d'absolu, d'éternel, de di-
« vin, mais ta forme actuelle renferme un double vice, une
« double tyrannie que je vais signaler au monde :

« 1° Tu t'appropries gratuitement les forces collectives;

« 2° Tu détermines à ton profit des inégalités dans les
« échanges des services. »

Le capital s'est irrité, il a crié à la spoliation, à la barbarie, et, comme ces sauvages des plaines du Nord qui attachent le coupable, nu et garotté, à la queue d'un coursier lancé au fond des steppes arides et solitaires, il a attaché cet homme, ce penseur, aux flancs de toutes les terreurs égoïstes qui l'ont emporté au milieu des calomnies, des attaques et des fantômes de la crainte et de l'ignorance.

Réaction irréfléchie et imprudente de l'égoïsme contre les avertissements formidables de l'implacable raison.

On crie au *Communisme,* quand la science analyse la maladie dont la propriété actuelle est frappée; crie-t-on à l'assassinat, quand le médecin interroge son malade et lui indique les remèdes à employer?

Non! La propriété n'a rien à redouter des esprits qui, en respectant son principe, cherchent à la sauver en la transformant; au lieu de vouloir l'étouffer, ces hommes veulent lui donner une vie nouvelle et la doter d'une fécondité infinie!

L'Académie des sciences morales et politiques, sur l'invitation de M. le général Cavaignac, a décidé dans sa séance du 12 août dernier qu'elle combattrait les doctrines socialistes par la propagation de petits traités sur la famille et la propriété.

M. Victor Cousin a commencé cette croisade par la publication d'un livre sur la *justice* et la *charité;* ce traité, écrit avec le remarquable talent que l'on connaît à son auteur, rapproché du discours prononcé par M. Thiers, à la chambre des Représentants, le 14 septembre, sur la question du *droit au travail,* prouve combien peu l'Académie elle-même est d'accord sur l'origine du droit de propriété, et combien peu sa défense sera efficace.

Voici ce que dit M. Cousin, page 30 :

On a mis l'origine de la propriété dans le travail ; « Mais, « pour produire, il me faut une matière quelconque, il me « faut des instruments : je ne produis qu'à l'aide de quelque « chose que je possède déjà. Si cette matière ne m'appartient « pas, à quel titre les *produits obtenus m'appartiendraient-ils?* »

On pourrait répondre à M. Cousin, en vertu du droit d'accession si longuement développé dans les lois romaines, mais il ne s'agit pas de réfuter M. Cousin ; notre intention est de constater quelle définition il donne de la propriété, et par quel moyen il espère l'arracher aux mirages trompeurs de la théorie communiste. La propriété a pour origine le travail, dit M. Cousin ; mais, si la matière première, si les instruments n'appartiennent pas au travailleur, il n'a rien créé pour lui, ce qu'il obtiendra sera du bon vouloir du capital. Cette définition contient toutes les tempêtes d'une Révolution à refaire, car elle proclame la prépondérance du capital et la nécessité philosophique du salariat : suivant M. Cousin, la question aurait donc fait peu de progrès, la société serait encore divisée en deux castes, et cette monarchique appellation de *bourgeoisie* renaîtrait au grand jour des rancunes publiques.

Le père de l'éclectisme français définit la propriété comme on la définissait à Rome, quand elle était la proie d'un domaine quiritaire qui en faisait le symbole de sa domination personnelle, et n'en permettait l'usage et l'exploitation qu'au prix de fermages excessifs, homicides.

Sumus patres senatores ac dominatores, disaient avec orgueil les vieux patriciens propriétaires, défendant leur domaine contre les rogations liciniennes, qui introduisaient l'égalité dans le droit de posséder, et contre les audaces de cet illustre dictateur, Publicius Philo, qui voulait que les propriétaires et les travailleurs fussent tous soumis également aux décisions du peuple : *Ut plebiscita omnes quirites tenerent.*

Nous sommes les dominateurs du travail, disent les propriétaires de M. Cousin, *car la matière première, le capital, nous appartient.* Paroles imprudentes et peu propres à ramener les esprits au dogme de la propriété ; paroles de propriétaires quiritaires transigeant sur le mont Aventin.

M. Thiers, de son côté, explique ainsi l'origine de la propriété :

« On recherche quel est le principe de la propriété. Suivant moi, le voici : c'est le travail de l'homme. »

Ainsi, plus de prépondérance du capital ; le travail seul entre en ligne de compte, seul il crée, seul il détermine la propriété.

Cette définition, toute révolutionnaire, est bien loin de celle de M. Cousin.

Mais ce n'est pas tout ; M. Thiers se fait socialiste jusqu'au bout, et il s'écrie dans le même discours, p. 2435 du *Moniteur* :

« Après avoir observé la société ; après avoir vu que, sans le travail, elle reste misérable avec le même fondement, vous dites : La propriété est un droit, comme vous avez dit : La liberté est un droit. »

« Mais lorsque vous avez dit à l'homme : « Vous avez le droit d'être libre, » vous lui avez donné le pouvoir d'exercer ce droit par la presse, les élections, le jury ; autrement, ce droit, sans son exercice, eût été une illusion. Ainsi, lorsque vous admettez que la propriété est un droit, il faut, au nom de la société, en garantir l'exercice. Or, l'exercice du droit de propriété a lieu par le travail, qui est l'échange réciproque des propriétés. » Voilà donc M. Thiers entraîné à garantir à chaque citoyen le droit au travail.

M. Cousin veut la propriété exclusive aristocratique ; il veut qu'elle constitue un patriciat âpre, jusqu'à dire aux travailleurs : « Que m'importe votre travail? Il n'a rien créé ; mon domaine était tout ; il préexistait à la production. Où est votre titre à la production ? Laissez-moi jouir de ma richesse, et prenez ce chétif salaire. »

M. Thiers veut la propriété démocratique exclusive du capital préexistant, garantie à tous, j'allais presque dire commune. M. Thiers, qui s'est posé l'antagoniste de M. Proudhon, ne sait pas qu'en donnant le travail comme source unique de la propriété, il a reproduit exactement ce passage fameux du philosophe qu'il critique :

« Beaucoup de gens parlent d'admettre les ouvriers en par-« ticipation des produits et des bénéfices ; mais cette parti-« cipation que l'on demande pour eux est de *pure bienfai-« sance.* On n'a jamais démontré, ni peut-être soupçonné, « qu'elle fût un droit naturel, *nécessaire, inhérent au travail,* « *inséparable de la qualité de producteur*, jusque dans le der-« nier des manœuvres. »

Si ceux qui nient la propriété, c'est-à-dire le produit du travail individuel, n'ont d'*éternel que leur ignominie,* suivant l'expression de M. Thiers, voilà l'auteur du livre : *La propriété est un vol,* et l'orateur du 14 septembre, combattant le *droit au travail,* se donnant fraternellement l'accolade dans la même communion philosophique et dans la même haine contre la propriété, en dehors du travail individuel.

Mais pendant ce temps, les *égarés,* ceux qui attendent les publications des *idées saines et vraies* de l'Académie, comme l'écrivait M. Mignet, secrétaire perpétuel, à M. le général Cavaignac, que doivent-ils penser? — Ils voient, d'un côté, M. Cousin rétablir la propriété quiritaire qui composait l'aristocratie financière du dernier règne de Louis-Philippe ; de l'autre, M. Thiers se ranger sous le drapeau de M. Proudhon, et, malgré les railleries de la tribune, arriver à adopter la définition donnée par ce publiciste ; et, certainement, personne n'a oublié que M. Cousin et M. Thiers sont tous deux de l'Institut.

Évidemment la confiance, dans des thèses aussi divergentes, est médiocre; je dis plus, cette absence d'unité dans les vues du corps le plus savant de l'État doit encourager et fortifier les convictions dans le système communautaire que l'on veut combattre.

On a fait fausse route, une autre voie était à prendre.

Pourquoi ébranle-t-on la propriété; et au nom de quelle théorie excite-t-on contre elle toutes les rancunes du prolétaire? Au nom de la négation de la propriété, au nom de l'organisation égalitaire du travail, au nom de la communauté universelle enfin. Eh bien! c'est là qu'il faut défendre les principes éternels de la société; c'est là qu'il faut porter le grand jour; c'est là qu'il faut conduire tous les esprits qui ont entrepris la haine contre la propriété, sur la foi des écrivains communistes.

Qu'ils lisent ce livre! Qu'ils veuillent bien suivre l'auteur dans ses démonstrations, et s'ils admettent avec lui que la *communauté est l'esclavage et le vol,* que l'égalité ne peut se perpétuer que par l'*assassinat,* ils renonceront peut-être à se faire les adeptes d'une philosophie aussi détestable.

Ce livre a donc pour but de répondre au désir exprimé par l'Académie; il défend la propriété en niant les théories communistes; mais il n'affirme la propriété que dans ce qu'elle a de légitime, d'absolu, d'éternel, car la propriété légitime ne peut être que la synthèse de la communauté et du domaine quiritaire.

Si j'avais à définir l'esclavage et le vol, je le ferais ainsi :

« L'esclavage est la négation de la liberté individuelle. »

« Le vol est l'action de disposer des fruits du travail de l'homme et de le frapper de misère quand son droit s'étend jusqu'à l'opulence. »

A quoi servent ces définitions? dira-t-on ; quel esprit voudrait tenter l'aventure de fonder une société sur la double négation de la liberté et de la propriété?

Cette tentative a eu lieu, et de nos jours nous voyons se propager une philosophie qui, au nom de l'esclavage et du vol, veut constituer ce qu'elle appelle la liberté, l'égalité et la fraternité républicaines.

Oui, cette philosophie se propage, elle a sa doctrine,

ses journaux, son autorité ; il y a plus, elle est populaire, et la discuter, c'est prendre la proie dans la gueule du lion.

Cette science, que j'appellerai la philosophie de la communauté ou le *Communisme* a fait naître d'ardentes espérances. Jetée en promesses révolutionnaires au peuple, il est venu à l'échéance en demander la réalisation les armes à la main !

En effet, cette colonne d'insurgés qui, dans la nuit du 23 juin, montait lentement la rue Saint-Jacques en chantant : *Du travail ou du plomb*, et venait prendre le dernier mot d'ordre sur la place du Panthéon, avant la terrible bataille dont ce quartier fut le théâtre, faisait-elle autre chose que d'exiger par la violence et la guerre civile l'exécution des promesses imprudentes du gouvernement, qui avait garanti *l'existence de l'ouvrier* par le travail ? Garantir, au nom de l'État, le travail, n'est-ce pas monopoliser toutes les industries et convertir la nation en un vaste atelier ? n'est-ce pas organiser le travail suivant les idées communistes, comme si l'organisation du travail n'était pas l'objet propre de la liberté, la fonction de l'indépendance et l'application de l'initiative individuelle ?

Si jamais l'État entrait dans cette voie de tout absorber, de tout distribuer, la société française retournerait au régime de la peuplade, dans laquelle le père, le patriarche, le maître dispose des hommes et des choses au gré de sa volonté, de ses caprices même, et comprime jusqu'à l'esclavage et la mort les protestations individuelles! Ce chant funèbre, *du travail ou du plomb*, était donc la demande de retourner à l'esclavage antique.

Chose vraiment digne d'être méditée, et qui indique la voie du salut de la société! Les masses irritées crient contre le monopole de la propriété, contre la monarchie absolutiste du numéraire, contre toutes les exclusions sociales; et cependant, à cette heure, quand on leur dit : « Vous avez le communisme sous la main : l'individualité financière vous opprime ? jetez-vous dans la suppression définitive de la monnaie : la propriété a exalté ses exigences et augmenté ses rentes ? détruisez la propriété; » quelques esprits égarés répondent à ces provocations en se ruant dans la guerre civile ou dans une haine implacable contre les détenteurs de la propriété, qu'ils regardent comme un privilége; mais les masses, quoique souffrantes, restent indécises entre la propriété et l'immense et silencieux abîme de la communauté, où les coryphées de la théorie les convient en leur promettant mille délices.

Cette indécision providentielle devrait être, pour les socialistes, une vive et dernière lumière. Mais au milieu des triomphes obtenus dans des critiques légitimes, sur la misère et le paupérisme qu'enfante la propriété, ils présentaient un plan de société épicurienne sans s'apercevoir qu'en spéculant sur la communauté, il était impossible d'élever autre chose que la théorie du vol et la philosophie de l'assassinat.

La mort, voilà donc le terme définitif du socialisme : c'est ce que ce tableau va prouver ; mais il montrera en outre que la propriété exclusive, non socialisée par le principe de justice dans la réciprocité des services, aboutit aux mêmes conséquences.

FORMULE DE LA SOCIÉTÉ.

Thèse :	Affirmation.	La propriété.
Antithèse :	Négation.	La communauté.
Conséquences sociales :	La faim, le paupérisme, la mort. La petite propriété est peu à peu envahie par la grande, au moyen de l'usure des fermages, des banques : l'esclavage antique se produit sous le nom de paupérisme, et le travail succombe dans sa lutte contre le capital.	

FORMULE DU SOCIALISME COMMUNISTE.

Thèse :	Affirmation.	La communauté.
Antithèse :	Négation.	La propriété.
Conséquences sociales :	La misère, la famine, la mort. Car l'homme, privé de liberté et de propriété, prend pour idéal la fainéantise et le rachitisme intellectuel et ne produit plus.	

Le système de l'exclusion et celui de l'absorption ont donc l'un et l'autre des résultats aussi funestes. Ainsi le remède proposé à nos souffrances actuelles et imaginaires, et toutes les théories sur la fraternité des Icariens, ou sur la grande *force d'initiative* du pouvoir de M. Blanc, ou sur la solidarité des *salaires-unis* de Genève, ne sont que des noms différents de l'ordonnance du médecin. Changez de système, vous changez l'étiquette de la formule, mais le poison est toujours dans le breuvage; et si vous le prenez, vous irez augmenter le nombre de ces statues pâles, immobiles et froides de l'île Glubbdubdrid.

C'est ce danger du socialisme que je vais démontrer; serai-je assez heureux pour convaincre certains esprits engagés dans la poursuite du fantôme que l'utopie agite maintenant devant nos jeunes générations, je l'ignore; mais si un seul homme recule indigné en présence du tableau des perspectives communistes et se rattache à ce qu'il y a d'absolu et d'éternel dans la propriété, j'aurai atteint le seul but que j'ambitionne.

Je vais prendre pour thèse la *négation de la communauté*.

Nier pour arriver à affirmer, c'est la route la plus logique, c'est même la seule indiquée à l'investigation philosophique, car des splendeurs solitaires du vide et du néant, la vie s'élance et devient dès lors l'objet de notre examen, comme du vide de la communauté orientale, la propriété est sortie, au nom de la personnalité humaine, et a constitué l'objet social individuel.

Oui, je nie la communauté ; je dis qu'elle est antisociale, oppressive, spoliatrice, famélique, homicide, athée, et que son établissement serait un continuel blasphème contre la Divinité, un perpétuel attentat contre l'homme.

LA COMMUNAUTÉ

SERAIT UN ANACHRONISME SOCIAL.

L'histoire universelle est le développement successif de l'histoire de la liberté, et la liberté est la raison de Dieu se manifestant dans le gouvernement général du monde.

Les révolutions sont donc une révélation permanente et successive des lois éternelles qui règlent la croissance de l'individualité humaine dans le temps.

Écrire l'histoire, c'est faire le récit des vicissitudes à travers lesquelles l'esprit se cherche, se dégage de son ignorance première, abandonne ses premières notions, arrive à se savoir lui-même et à se donner connaissance de la liberté qui est son essence. Ces dégagements successifs de la pensée suivent une marche fatale qu'il est permis d'indiquer maintenant, et qui, en constituant la logique universelle et transcendentale, forment en même temps les gradins d'une chronologie invincible.

Les faits et les institutions sont matière de l'histoire; l'esprit humain en les pénétrant leur imprime la formule de son développement; mais à mesure qu'il se déploie, les formules se succèdent, abandonnant pour toujours celles qui ne sont plus aux souvenirs des hommes. Rassembler ces formules, c'est préparer les matériaux de l'histoire : les disposer dans leur ordre successif, c'est dresser une table de chronologie et préparer la critique de tous les moments, de toutes les transformations de l'humanité.

Quand on a déterminé un de ces moments, une de ces pauses, une de ces empreintes de l'esprit, on peut être assuré que la civilisation n'y reviendra plus, que la solitude s'est faite pour l'éternité dans ce moule des antiques institutions, et qu'il n'est donné au génie de l'histoire de le scruter, de le pénétrer, qu'en raison même de cet abandon définitif qui lui permet de revenir sur lui-même, et de prendre pour objet de ses méditations ce qui était autrefois sa propre vie, sa propre substance. Théorème sublime, qui fait de l'humanité une éternelle caravane, avançant éternellement vers la cité d'or où règne la justice, ne rétrogradant jamais, abandonnant chaque jour ses tentes pour en dresser des nouvelles le soir, et incessamment occupée à ce travail de campements et de marches.

Ceci posé, ne serait-il pas possible de grouper les sociétés de manière à établir leurs phases successives et de déterminer à quel moment du passé la communauté appartient? Rien n'est plus facile, et le résultat de cette inspection chronologique nous permettra d'absoudre le titre de ce chapitre, en reconnaissant que la communauté a fait son temps dans ce monde.

L'Orient est l'enfance de l'histoire, et cette enfance a pour idéal, pour symbole de la société, la puissance extérieure, l'unité dans la force et par la force. L'esprit individuel n'est point encore sorti du berceau de l'humanité, il y sommeille, plongé dans l'esprit de la famille, de la peuplade, abandonné aux inspirations d'une morale extérieure qui ne se préoccupe que d'une chose, la prépondérance invincible et inévitable du chef. La Chine et l'Égypte ont été les premières manifestations de ce symbolisme social.

La Chine particulièrement présente la subjectivité et l'objectivité, liées et unies d'une façon tellement indissoluble, que le mouvement manque à la société et que l'empire chinois nous apparaît encore comme l'empire de la mort. Que penser, du reste, d'un pays dont la morale est déterminée par les saisons, et dont le législateur a puisé ses inspirations dans la contemplation du spectacle de la nature que les institutions humaines ont mission de reproduire?

Ainsi, dans le *Chou-King*, l'empereur Yao ordonne à ses ministres de fixer les devoirs de chacun d'après le lever du soleil et le retour des saisons : « *car, dit-il, chaque fonctionnaire s'acquittera selon le temps et la saison de son emploi, et tout sera dans le bon ordre.* » Évidemment la nature domine dans cette civilisation, la substance est en prépondérance, et la liberté humaine est encore enfouie au sein de ce symbolisme qui ne reconnaît qu'un chef, qu'une pensée, qu'une volonté, celle de l'empereur ; qu'un critérium de nos actions et de la loi, la matière. Cette unité immédiate de la substance et de l'individualité est telle en Chine, qu'elle met aux mains de l'empereur toute la propriété dont il n'abandonne jamais la culture *à la fantaisie individuelle, à la combinaison parcellaire,* à la liberté en un mot.

L'esprit général ne se manifeste donc que par l'individu régnant ; ses sujets sont tous égaux dans leur nullité, tous sont égaux dans leur obéissance, dans leurs personnalités méconnues. On comprend une civilisation pareille au commencement de l'humanité ; mais plus tard, quand la liberté individuelle s'est dégagée de cette matière sociale, quand elle a conquis péniblement son existence, quand enfin le moi est sorti du néant et a proclamé la propriété qui est sa manifestation sociale, on s'étonne de voir présenter la société du *Chou-King* comme idéal de notre civilisation.

Jusqu'ici les sociétés ont vécu entre deux exaltations, *celle du non-moi ou celle du moi;* la première a produit un panthéisme social dont la Chine, la Perse, la *République* de Platon, la *Cité* de Campalla et le *Voyage en Icarie,* nous offrent les réalisations et les systèmes; la seconde a produit l'individualisme dont la propriété, le monde chrétien et l'économie politique, ont été les réalisations sociales et la douloureuse et désespérante monographie. Ces deux époques de l'humanité en forment la contradiction, et leurs nuances sont aussi tranchées que celles qui distinguent une affirmation d'une négation. Aussi, après avoir déterminé le caractère distinctif de la première phase, et avoir fait sentir qu'il consistait surtout dans l'anéantissement de toute initiative individuelle, il est permis d'apercevoir quel sera le cachet de la seconde époque.

La transition du génie asiatique au génie européen s'est opérée par la Grèce, et c'est à la philosophie de ce peuple de penseurs que revient l'honneur d'avoir révélé à l'homme le premier sentiment de son individualité. Cependant, il faut le dire, cette révélation n'est pas intégrale; car la liberté humaine est encore conditionnée à quelque chose qui est en dehors d'elle, quelque chose d'aveugle et de brutal qui la domine, et que les anciens appelaient la fatalité, le destin *fatum*. Mais Rome était là pour compléter la révélation et inaugurer définitivement l'individualité. Jamais la philosophie du moi n'aura une détermination concrète plus puissante que celle de la propriété dans le droit romain ; jamais le despotisme le plus individuel, jamais le monopole le plus ardent n'a comprimé l'objet de ses convoitises avec autant de génie, avec autant d'audace philosophique. L'appropriation du sol devint tellement énergique, que le contestant, le revendiquant, fut appelé un *ennemi*, *hostis*, et qu'au delà de la famille il n'y eut que des étrangers, des barbares.

Plus tard, après les conquêtes du Christianisme, la propriété était la source et le cachet de la puissance féodale. La terre avait sa noblesse et en imprimait le caractère à son possesseur, qu'il fût barbare ou Romain : les relations du sol prévalaient sur les relations personnelles.

L'homme cherchant à créer son individualité prenait, pour cause de sa puissance, ce qui n'en était que le signe ; c'était une révolution profonde des idées qui dominaient le droit de la peuplade ; mais bientôt après, cependant, la personnification du sol disparut pour faire place à la condition des personnes, et le règne de la noblesse et de la monarchie commença.

C'était le dernier état.

Ce règne fut le triomphe de l'individualisme, au sein duquel notre civilisation a grandi et s'est développée.

Aujourd'hui l'évolution individuelle est accomplie, on le sent à la lassitude dont l'antique propriété est frappée; la société a mis six mille ans à accomplir sa contradiction; au moment de s'élever dans un terme supérieur, ne reculerait-elle pas si elle consentait à accepter la formule de la communauté?

Le *Voyage en Icarie* est certainement d'un très-entraînant attrait; mais, sous ce séduisant récit, on y retrouve à peu près la civilisation chinoise, dont nous avons donné une très-fugitive, mais très-philosophique idée. La Chine, avons-nous dit, est la glorification de l'État, dans l'absence et dans l'ignorance du droit individuel; — la communauté, dit M. Cabet, est l'idée de l'État poussée jusqu'à l'absorption de l'individu. Les deux définitions se ressemblent, et toutes deux accusent l'anéantissement de la liberté, cette magnifique et suprême conquête de l'esprit dans le temps. Ainsi, le socialisme moderne présenterait pour salut à la société accablée du poids de l'individualisme, la communauté, c'est-à-dire, le retour au premier âge de l'humanité, le retour à cet état de profonde inertie, au sein de laquelle l'âme humaine n'avait pas encore dégagé son individualité et réclamé son éternelle indépendance? et le monde hellénique, et le monde romain, et la révélation chrétienne, qui proclama l'identité de la nature divine et de la nature humaine, et la négation luthérienne, qui fut la contradiction de la communauté spirituelle; toutes ces phases de l'humanité devraient être rayées, oubliées, maudites, comme ayant égaré les sociétés dans la voie de plus en plus fausse de la liberté individuelle. Inévitable entraînement de la logique, ou le mouvement de conquête et de pénibles investigations, au sein desquels l'esprit se déploie depuis trois mille ans, a été une lamentable erreur, ou sous l'impitoyable aiguillon de la loi éternelle de son développement, l'humanité a traversé pour n'y plus revenir les plaines du passé, accomplissant en cela sa marche fatale dans le temps; le choix est à faire.

Si l'humanité a fait fausse route, il faut en revenir au premier âge de la communauté et du symbole, si l'homme, ce captif égaré, a eu tort de protester par la bouche de Socrate contre la communauté orientale, par la parabole du Christ contre le naturisme des institutions, par Mirabeau contre l'absorption politique, que nous devons regretter toutes ces luttes, tous ces combats, pour conquérir une liberté qui est un mensonge, et qu'il nous faut maudire tous ces généreux Spartacus, qui brisent et rejettent loin de nous, les fers qu'il est dans notre destin de porter toujours.

Si au contraire, l'esprit humain en s'individualisant depuis tant de siècles, en gonflant partout sa personnalité, en l'écrivant dans le ciel par sa théodicée, sur le sol par la propriété, a tout à la fois donné le cachet de sa liberté et manifesté la phase nécessaire de la logique universelle, alors il n'est plus possible de lui présenter aujourd'hui l'esclavage de la communauté comme un abri, comme une perspective de nouveaux horizons, et diriger les phalanges humaines vers la cité d'Icarie, c'est les faire rétrograder, c'est anéantir toutes les conquêtes passées, c'est prendre le commencement de l'humanité pour sa fin.

L'humanité, a-t-on dit bien des fois, se développe comme l'homme ; cette entité est vraie, et l'histoire en est la justification. Qu'on prenne l'homme dans la période de son éducation, on le trouvera entouré d'institutions et de règlements, qui le ramènent à la communauté primitive. L'école, le collége, la vie conventuelle ne sont que des modes communautaires, dont le but est de développer ultérieurement la personnalité, mais qui, pour le moment, la limitent et la restreignent dans la règle, dans le devoir, dans l'obéissance. Quand l'enfant s'est fait homme, quand il entre en lutte avec la société, quand il agit sur elle par la production, par l'agriculture, par l'échange, alors il devient propriétaire exclusif ; c'est un soldat qui n'a d'espoir que dans ses armes, la fortune est sa conquête, et pour la défendre, il opprime, il devient barbare, impitoyable.

Comment l'homme arrive-t-il à cet état conditionné et exclusif, comment l'initiation lui en est-elle faite? C'est au moyen des écoles spéciales, des études professionnelles qui opèrent sa séparation des études communes, le font entrer dans une catégorie du travail, le classent l'isolent, et lui révèlent enfin toute sa puissance, toute son énergie. Avec une société qui impose la nécessité de l'étude commune et reconnaît la liberté de l'apprentissage spécial, la communauté n'est pas possible, autrement l'homme consentirait à retourner à l'impersonnalité de l'enfance et à l'insouciance de la vie collégiale, à rétrograder conséquemment.

FORMULE COMMUNAUTAIRE.

Nulle part on ne rencontre uue définition nette et précise de la loi de la communauté ; la formule de ce dogme ne serait-elle pas encore trouvée? Cette absence de définition n'est pas ce qui doit étonner quand on se rappelle ce que nous avons dit de la communauté et de sa donnée philosophique. Définir le néant, le circonscrire à des limites déterminées, c'était l'individualiser, et tuer la communauté par sa définition. Le socialisme, en restant dans ce vague, a subi la loi fatale de la matière soumise à son examen, et voilà pourquoi, au fond de toutes les utopies, sous l'art qui les décore, sous la chapitration qui les morcèle, on ne peut trouver ni méthode ni science.

Les socialistes ont bien vu que la communauté était la négation de la propriété, mais ils se sont arrêtés là, et ayant sous la main l'éternelle contradiction du moi et du non-moi, ils n'ont pas eu la pensée d'en tirer les conséquences de l'unité et de la synthèse. S'ils avaient pu s'élever dans un terme supérieur de la dialectique, nous aurions une *science sociale*, une *formule sociale*, et certainement elle ne serait pas communautaire; mais le socialisme s'est fixé dans le premier terme du grand syllogisme de l'humanité, et de ce point il espère tout résoudre en dépit de l'esprit humain qui a traversé le terme propriétaire et arrive à la synthèse. Le socialisme a une mission fatale, c'est d'être une protestation permanente contre les institutions et les lois. Né le jour où la première société a pris racine sur le sol, contemporain conséquemment du berceau de l'humanité, il doit vivre inappliqué et toujours protestant tant qu'il y aura des institution et des réalités politiques. Aussi, la définition du socialisme est-elle impossible, c'est un fantôme qui doit fuir et fuit sans cesse, en se modifiant contrairement aux réalités qu'il poursuit.

Cependant, des essais de formules ont été présentés par les écrivains communistes. Nous allons les rappeler et démontrer que toutes sont en équation avec le néant et le vide.

Hegel dit, dans sa *Philosophie du droit*, que dans la première période, le droit n'est que la *négativité infinie de tout contenu particulier*. C'est dire que, dans le premier âge du monde, le droit est la religion de la communauté et la négation de toute puissance individuelle, de toute propriété et de toute garantie donnée à l'individu. Evidemment, une société organisée sur ce principe serait vouée, le jour même, à l'inactivité de la mort, et à la religion de la fainéantise : le seul mouvement qu'on pourrait en attendre serait celui des convulsions sociales destinées à dégager l'individualité humaine, conséquemment à anéantir la communauté elle-même.

Ce programme communautaire si énergiquement défini par Hegel, est cependant celui des Icariens ; et ils ont beau vouloir mélanger leur doctrine d'un éclectisme propriétaire, la fatalité de leur principe les ramène toujours à la négation hégélienne.

Qu'en conclure donc ? que la société européenne est entrée triomphalement dans le régime de la propriété et qu'il n'y a de salut pour elle que dans le maintien des institutions personnelles consolidées par la liberté et développées à l'infini par l'échange. Mais ce n'est point ainsi que l'entendent les communistes, ils espèrent donner à la société, une forme définitive, réaliser leur utopie et s'endormir un jour dans les bienfaits de la rente égalitaire.

Voici comment M. Cabet expose sa doctrine dans son *Voyage en Icarie,* page 567.

« Oui, nous soutenons que la *fraternité* contient
« tout pour les savants comme pour l'Institut, comme
« pour l'atelier ; car, appliquez *la fraternité en tout,*
« tirez-en toutes les conséquences, et vous arriverez à
« toutes les solutions utiles. »

Ainsi, d'après M. Cabet, rien ne serait facile comme la définition de son système.

Quelle est la solution du prolétariat? *La fraternité.*

Quelle est la pensée intime et convergente des sciences? *La fraternité.*

Quelle est l'organisation de l'atelier? *La fraternité.*

Mais qu'est-ce donc que la fraternité? cette méthode universelle qui organise aussi bien la philosophie que l'humanité, quelle est sa puissance, quelle est surtout son origine? on a bien droit de faire cette question en présence d'un fait primordial et cosmique, qui doit tout expliquer, tout résoudre, tout unir.

La fraternité est l'accord parfait entre nos intérêts matériels et nos sentiments, après avoir constaté l'antagonisme de nos intérêts matériels, nous finissons cependant par les unir; après avoir senti l'antagonisme de nos sentiments, nous arrivons à faire cesser ces contradictions et à opérer une fusion : à ce point seulement, il existe une fraternité effective, la raison et le cœur y ont leur place, et on peut dire qu'ils sont alors unis dans une synthèse qui est l'idéal de l'avenir.

Mais pour arriver à cette synthèse, il faut sortir de la période propriétaire, il faut marcher en avant, il faut donner à la raison, une loi de fusion par l'organisation du travail, au cœur, une loi de conciliation par la justice des échanges. Dès lors, la fraternité est une conquête de la civilisation, elle n'en est pas le point de départ, elle en est l'espérance non le principe originaire et propulseur, mais pouvant devenir le sublime état d'une civilisation dégagée de tout antagonisme anarchique, la fraternité n'existe pas aujourd'hui parmi nous, pas plus que les délices du ciel au milieu des chrétiens qui cherchent à les conquérir sur cette terre, par leur ascétisme et la stricte observance de la direction spirituelle. La fraternité est donc un principe futur, une contingence ambitionnée de tous les cœurs voués au culte de l'humanité, une formule aujourd'hui sans réalité possible, puisqu'elle ne peut être qu'une conséquence de la conciliation des intérêts matériels et d'une loi de justice.

Mais M. Cabet, empruntant pour fait générateur de la société la fraternité, a donc fait choix d'un principe imaginaire, sans corps et sans figure, sans virtualité et sans extension, il a voulu bâtir la société avec les matériaux qui composeront un jour le dôme du monument, enfin, dans le syllogisme humain, il a pris la conclusion pour les prémisses.

La fraternité, comme principe à l'Institut et à l'atelier, c'est l'impossible et le vide: substituer le néant de M. Cabet au principe atomistique et individuel qui régit de nos jours l'Institut et l'atelier, est-ce bien tentant et serait-ce là un progrès? N'avons-nous tant souffert à dégager l'individualité humaine de la communauté orientale, que pour l'étouffer dans la société pneumatique d'Icarie, et ne pouvons-nous trouver entre le monde et l'homme, une solution qui nous permette d'utiliser et de bénir les souffrances et les révolutions de nos pères? Il faut l'espérer, mais le communisme n'est pas appelé à nous doter de ce glorieux bienfait, et malgré tous les talents attelés au char de son triomphe, il retombe toujours dans sa fatale formule du néant.

M. Louis Blanc, dans l'introduction à son *Organisation du Travail*, paraît vouloir un instant s'affranchir de la donnée communiste et s'élever jusqu'à la synthèse de la contradiction de la propriété et de la communauté. Mais bientôt ce mot magique de fraternité le fascine et lui fait adopter la formule de M. Cabet.

« Et qui ne sait combien l'abus de la pensée chrétienne produit de maux? Il s'est trouvé dans le spiritualisme catholique une source d'oppression tout aussi féconde, hélas! que dans le matérialisme païen. La tyrannie s'est exercée au nom de l'esprit comme elle s'était exercée au profit de la chair; et les autels élevés dans l'antiquité aux dieux de la force n'ont pas été souillés de plus de sang qu'il n'en a coulé, depuis, sous la main des bourreaux de l'inquisition. Le paganisme avait divinisé la débauche, dégradation du corps par l'excès du plaisir; le catholicisme a canonisé l'ascétisme, dégradation du corps par l'excès de la douleur. Le paganisme avait outragé l'âme humaine jusqu'à faire des esclaves : le catholicisme a dédaigné le côté matériel de l'humanité, jusqu'à souffrir qu'il y eût des pauvres.

Et toutefois, proscrire l'un des deux éléments qui constituent l'être humain est tellement contraire à l'essence des choses, tellement impossible, qu'il n'y a jamais eu, sous ce rapport, de système absolu. Dans l'antique mythologie, Vénus n'excluait pas Minerve. Et en même temps que l'Église catholique recommandait aux hommes de mortifier leur chair, elle s'attachait à parler aux sens par le déploiement de sa puissance temporelle, par la magnificence de ses cérémonies, par les merveilleuses basiliques où elle enfermait la majesté du Dieu né dans une étable, par l'harmonie enfin et les parfums dont elle emplissait le sanctuaire.

C'est qu'en effet on ne peut sacrifier trop complétement la vie du corps à celle de l'âme, sans attenter à la nature humaine. *Il répugne à la raison, dans la théorie du progrès, d'admettre que l'humanité doive rester à jamais victime de je ne sais quel étrange et terrible combat entre l'esprit et la chair. Si ce combat a eu lieu jusqu'ici, c'est parce que les sociétés n'ont pas encore trouvé un milieu qui leur convienne.* Or, toute civilisation fausse a cela de fatal, qu'en répartissant d'une manière inique les travaux et les plaisirs, elle empêche, et chez les oppresseurs et chez les opprimés, l'harmonieux emploi des facultés soit morales, soit corporelles : chez les premiers, par la facilité de l'abus ; chez les seconds, par l'altération de l'usage. *Reste à savoir s'il ne nous est pas permis de croire qu'un tel désaccord doit un jour cesser.*

Car, pourquoi l'harmonie ne succèderait-elle pas dans l'homme lui-même à l'antagonisme? Pourquoi l'harmonie ne deviendrait-elle pas la loi de la vie individuelle, comme elle est la loi des mondes? Gardons-nous de scinder le problème, si nous aspirons à le résoudre. La formule du progrès est *double* dans son unité : *Amélioration morale et matérielle du sort de tous, par le libre concours de tous et leur fraternelle association!* Ce qui rentre dans l'héroïque devise que nos pères écrivirent, il y a cinquante ans, sur le drapeau de la révolution : Liberté, égalité, fraternité. »

Lorsqu'on voit un esprit de la vigueur et de la netteté de celui de M. Louis Blanc, chercher le milieu qui convient à la société *entre l'esprit et la chair*, ou bien reconnaître que la formule du progrès *est double dans son unité;* quelle ne doit pas être l'espérance du lecteur de trouver enfin la loi de l'égalité entre la communauté et la propriété? Mais pas du tout : M. Louis Blanc se jette dans les bras de la devise qu'il sera temps d'arborer dans quatre ou cinq siècles, et laisse le présent abandonné à ses institutions propriétaires à ses luttes sanglantes, à ses réalités expirantes ou déclassées, sans leur donner une loi de transformation : Légèreté criminelle du socialisme!

Marcher sur l'appui d'une formule sans réalité, poursuivre un fantôme splendide, et pour cela briser le présent, gaspiller sur le sol le trésor des conquêtes de l'individualité et de la propriété, telle est l'œuvre de M. Louis Blanc.

Aussi n'est-il pas difficile de démontrer combien sa dialectique, sans méthode, sans portée philosophique, le pousse à de singulières et cruelles contradictions. M. Louis Blanc, on le sait, veut, au nom *de la fraternité universelle,* faire de l'État, le grand, l'unique producteur; mais pour introniser son système, il faut combattre et réduire l'industrie individuelle et morcelée qui, de nos jours, couvre la France; c'est donc une guerre dans l'aveu et la description de laquelle M. Louis Blanc entre résolument.

« Dans toute industrie capitale, celle des machines,
« par exemple, ou celle de la soie, ou celle du coton,
« ou celle de l'imprimerie, il y aurait un atelier national
« faisant concurrence à l'industrie privée. La lutte se-
« rait-elle bien longue? Non! parce que l'atelier so-
« cial aurait sur tout atelier individuel l'avantage qui
« résulte des économies de la vie en commun, et d'un
« mode d'organisation où tous les travailleurs sont
« intéressés à produire vite et bien. »

Ainsi, la concurrence est le moyen de faire entrer le système de M. Louis Blanc dans les réalités industrielles; mais lui-même, dans ce livre, n'a-t-il pas écrit, page 27, « *que la concurrence est pour le peuple un système d'extermination.* » Et le voilà, au nom de la *fraternité universelle,* prêchant l'extermination pour l'établissement de son industrie gouvernementale!

Pour sauver la société, M. Louis Blanc en assassine tous les membres; pour reformer et travailler en grand, il fait du monde un désert; pour changer l'architecture de l'édifice social, il en fait un tombeau. Et qu'on dise maintenant que le communisme n'est pas la philosophie du néant et de la mort.

Étrange et douloureux système, que celui dont la socialisation demande en première ligne l'anéantissement de tout ce qui existe et la condamnation absolue de la route faite si péniblement par l'humanité depuis dix-huit siècles; évidemment une pareille philosophie n'est qu'une émeute de la fatuité humaine contre les lois éternelles qui mènent les sociétés au règne de la réciprocité et de la justice.

M. Cabet et M. Louis Blanc ont donc adopté pour formule la *fraternité*, et nous avons je crois suffisamment démontré que, la prenant pour point de départ, leur système s'agitait dans le vide et se croisait dans de graves contradictions. Au premier coup d'œil, il est facile de reconnaître que ces philosophes, qui veulent construire un monde, ne connaissant pas les éléments de celui qui existe, ne peuvent tenir aucun compte des institutions qui seront toujours respectées, parce qu'elles seront désormais éternelles comme l'homme. Leur rêve est de fonder une société sans famille, sans propriété, sans liberté, et ils ne voient pas l'unanime répulsion qui enveloppe cette utopie, dont le but est de briser les choses les plus chères au cœur de l'homme. Les sociétés se transforment, se dégagent de l'impéritie des premiers âges, mais n'oublient jamais le fini vers lequel elles tendent dans les premiers moments de la peuplade, ni l'infini dans lequel elles s'élancent plus tard au nom de l'individualité révélée. Enseigner les voies nouvelles n'est pas briser les anciennes, mais les modifier successivement et dans un esprit de continuité et de succession logique qui, malgré l'utopie, n'abandonne jamais la société.

Répétons-le donc, la formule du dogme communiste n'a pas été définie; elle ne pouvait l'être, parce que le communisme c'est le néant.

LA COMMUNAUTÉ

DESTRUCTIVE DE LA LIBERTÉ DANS LA FAMILLE.

Nous avons démontré, que vouloir poser la communauté comme réalisation de l'avenir de la société, c'est commettre un anachronisme, et ensuite, en cherchant la valeur de la formule communautaire, nous avons établi qu'elle faisait équation au néant et qu'il était impossible d'inaugurer une espérance sur cet abîme et ce vide. Nous allons maintenant exposer l'utopie communiste et montrer son rôle à l'égard de la liberté et de la justice.

Il faut en philosophie faire toutes les déductions et pousser les théorèmes jusqu'aux limites du possible; s'arrêter en chemin, c'est briser le système et morceler la formule, c'est de plus abriter des absurdités dans une réticence arbitraire. Quand Proudhon posa sa fameuse formule de la propriété, il l'excita et l'irrita jusqu'aux limites du vol ; la science propriétaire s'en émut, mais accablée sous l'évidence des preuves, sous l'abondance d'une dialectique toujours puissante, toujours originale, elle ne put que lancer sur cet étrange théorème l'esprit de l'auteur de Jérôme Paturot. M. Reybaud s'en tira comme il put, il cita une anecdote d'Ariston de Chio sur les écrevisses, un mot de Pascal, et tout fut dit : l'ouvrage *Qu'est-ce que la propriété* fut décrété de folie et d'enterrement au milieu de l'ovation académique du profond champion des théories économiques.

Il faut imiter l'exemple de Proudhon et pousser le principe communiste dans ses conséquences extrêmes. Tous les communistes n'admettent pas cela, quelques-uns voudraient même faire échapper quelques-unes de nos institutions à leur système et les laisser dans l'océan individuel qui les embrasse de toutes parts, mais ces transactions avec les nécessités de la formule, accusent la faiblesse des adeptes la débilité de leur foi, et font sourire les partisans de la propriété.

Soyons donc plus ferme que les communistes, et posons hardiment la question en face du mariage et de la propriété.

1° Dans le Mariage.

Le christianisme a eu toutes les audaces de son principe, et en cela, il faut savoir admirer les hommes qui ont déduit et vulgarisé les vérités extrêmes que l'on rencontre partout.

Décrétant l'inviolabilité du moi, consentant cependant à voir dans le mariage l'acte qui complétait le moi social, le christianisme avait érigé le mariage à l'état de sacrement, d'unification sainte, indissoluble et proclamait la monogamie comme loi suprême.

Saint Chrysostôme regarde les secondes noces comme une véritable fornication, et saint Jérôme ne doute pas un instant que se marier pour la seconde fois soit aussi condamnable que de se livrer à la prostitution. L'inviolabilité du moi, la révélation de l'individualité humaine, le christianisme enfin avait besoin de cette inflexible dialectique. En effet, cet amour dont la source est dans le cœur de l'homme et qui remonte à la divinité dans ses aspirations les plus pures, cet amour, dégagé de tout souvenir payen, qui fut révélé au monde moderne par Abeilard et dont la puissance sait animer le monde, le ciel, et l'emplir de larmes ou le faire tressaillir de joie, cet amour enfin qui scelle l'homme à la divinité et le dégage peu à peu de l'empire des choses, ne pouvait exister qu'à la condition de son unité dans la vie. Aimer une fois et mourir, tel est en résumé l'amour au point de vue chrétien, et avec une pareille proposition on doit pouvoir déduire l'énergique individualisme de la famille, la puissance égoïste de la propriété et la flétrissure dont est frappée toute tentative d'un second amour, d'une seconde famille et de la prostitution.

Tout cela s'enchaîne ; tout cela est congénial ; mais avec la communauté que devient l'amour, que devient surtout la liberté dans l'amour ? L'amour ne peut exister, la liberté dans l'amour est anéantie, il n'y a plus que des relations de sexes, qu'une prostitution légale et reçue dans le monde. La femme, cette douce et belle contradiction de l'homme, la femme, qui détermine la synthèse du mariage qu'elle pénètre de toute sa beauté, de toute sa tendresse, la femme en communauté n'est plus qu'une *chose commune*. Son amour l'attache-t-il à l'homme qu'elle aime, a-t-elle formé le doux espoir de vivre avec lui, de lui consacrer sa vie, son âme, ses soins, un autre homme arrive et lui demande le même culte, le refusera-t-elle ? elle va créer un mariage, une division, une propriété dans la communauté, elle sera constituée en flagrant délit d'émeute et d'anarchie, et au nom de l'opinion générale, condamnée à je ne sais quelle peine répressive qui ne peut conduire qu'au viol. Ainsi voilà la femme réprouvée pour avoir aimé, pour avoir obéi à la liberté de son cœur, pour avoir fixé sa tendresse ; en communauté la fixité de l'amour est une anarchie.

Mais au contraire, ne refusera-t-elle pas ce culte réclamé d'elle ou plutôt cette profanation sollicitée, alors elle n'a pas d'amour, pas de lien, pas de souvenir. Ce n'est pas une femme, c'est une chose prostituée sans avoir l'excuse des sens ou de la misère.

Ainsi en communauté, l'amour ne peut être que le viol ou la prostitution, relations immondes obtenues au nom de la fraternité. Mais que devient dès lors la famille? Où est l'égalité? La famille comme expression immédiate de la substantialité de l'esprit, comme *unité* manifestée a pour principe l'amour. L'amour qui fait que je ne me sens pas complet, que je cherche mon essence dans un autre, et que je retrouve dans son cœur la conscience de moi-même, l'amour enfin, qui opère ce prodige qu'en mariage il n'y pas de droit individuel mais un droit de communauté individuelle, l'amour ne peut exister, car il lui faut la perpétuité pour être socialisé, dès lors la famille est anéantie dans la communauté. Mais prenons y garde, la famille est l'idée de liberté passée à l'état de monde existant, d'objectivité civile, c'est l'idée de liberté garantie par la contradiction qui existe entre le droit individuel et familial et le droit général et public, la famille c'est le sanctuaire de la liberté de la femme, là elle se déploie, agit, applique son esprit, dispose à fantaisie, écoute les battements de son cœur, et voit grandir ses fils sous son œil inspiré, détruisez la famille vous ramenez l'esclavage, vous tuez le sentiment maternel, vous faites disparaître la filiation, vous anéantissez l'individu au profit de l'espèce, mais avec l'homme disparaît aussi la liberté.

Ainsi, votez la polygamie, vous tuez l'amour, anéantissez l'amour vous détruisez la famille, brisez l'unité familiale vous avez l'esclavage, et l'esclavage obtenu au nom de la fraternité. Voilà les désolantes conséquences de la communauté, il est vrai que les docteurs de cette science ont repoussé cet horrible tableau, mais ils ne l'ont fait qu'à la condition de reconstituer le droit individuel au sein de leur communauté, c'est-à-dire de nier la formule admise a priori et de se déclarer propriétaires en voulant être communistes. Ecoutons d'abord M. Cabet.

« Quel est le principe, quant au mariage? Chacun « peut et doit se marier, le choix est parfaitement « libre; les époux sont égaux; le mariage peut être « dissous *quand il y a nécessité.* »

Le mariage est une nécessité, la loi le veut; mais si je ne le veux pas, si j'ai épousé l'étude, cette femme jalouse qui réclame toute mon ardeur, qui compte tous mes instants, si je ne suis pas fait pour les embarras domestiques que le mariage traîne après lui, si la femme que j'aime est morte ou mariée à un autre, si je veux lui conserver l'empire de mon cœur! qu'importe il faut se marier, il faut subir la loi, il faut être *esclave* du mariage en Icarie.

Mais quelle est donc cette dissolution du mariage *quand il y a nécessité.* C'est le divorce, c'est la monogamie rompue par la loi elle-même qui en a dès le principe consacré l'inviolabilité, mais c'est là reconstituer la division dans la communauté, c'est abandonner les douceurs de l'Icarie pour revenir en plein individualisme au sein du mariage, au milieu de toutes les formules propriétaires, c'est déserter l'utopie pour le Code civil.

A propos du mariage, M. Cabet recule donc et rentre dans la série économique, mais que de contradictions, que d'impossibilités avec sa définition de toute la science qu'il a résumée dans *la fraternité*, M. Cabet est un transfuge d'Icarie qui veut à tout prix conserver l'amour de quelque Danaïse civilisée, et son désaveu nous rappelle la comédie du *Philosophe amoureux*.

Pour la famille, M. Cabet est encore plus exclusif que pour l'amour; voici ce qu'il dit :

« Chaque famille *vit le plus possible* en commun,
« toujours sans domestique, ne formant qu'un seul
« ménage. »

La plus possible est d'une rare naïveté : il semble que la société adresse au grand-prêtre d'Icarie cette question : Êtes-vous communiste? — Le plus possible répond-il et pour le prouver je veux que chaque famille ait son ménage séparé, son domicile séparé, mais cependant qu'elle fasse de la communauté le plus possible. Mais, grand-prêtre, si cette famille est portée à l'isolement, si elle fuit le bruit, si elle ne vit pas du tout en commun que faudra-t-il faire? La forcer à la communauté, c'est toujours l'esclavage : l'abandonner à son sentiment individuel d'exclusion, c'est anéantir la communauté : choisissez entre l'esclavage et la propriété, entre la coercition ou l'individualisme.

L'alternative est cruelle pour le communisme, mais elle est fatale, et elle prouve dans combien d'erreurs et de sophismes on tombe quand, d'une main impie, on veut effacer les conquêtes légitimes et positives de l'individualité.

Il y a dans ce retour à la propriété, retour exécuté par M. Cabet en pleine exposition de principes *communistes* quelque chose qui prouve combien les esprits les plus engagés dans l'une des deux faces de l'antinomie économique, sont repus de leur exclusion et appellent la synthèse. Evidemment M. Cabet tâtonne, il laisse tomber le voile sur la prostitution de la communauté, remonte vers l'impérieuse chasteté de la formule propriétaire, puis là il jette un regard plein de regret vers les lupanars d'Icarie et termine sa série d'hésitations en recommandant à l'individualisme de se faire communiste le plus possible. C'est dire je jette-là mes insignes de grand-prêtre, mon trépied est brisé, un immense ennui s'est emparé de moi, j'ai senti l'impossibilité de ma foi et je vais, comme Réné, errer dans le monde de la négation à l'affirmation, traînant avec orgueil encore les lambeaux de ma philosophie, de ma religion frappée de stérilité, et accusée d'organiser la mort. Mais pour ceux qui ne sont pas saisis de ces regrets de l'orgueil, pour les hommes qui pénétrent au-delà de *l'esprit* et de la *chair* dont parle M. Louis Blanc, les palinodies, les rétractations de

M. Cabet révèlent l'avénement fatal de la synthèse et démontrent sa nécessité sociale et philosophique.

M. Pecqueur n'est pas moins hérétique que M. Cabet sur la monogamie. Que dis-je, il va plus loin, il repousse le divorce, il veut la perpétuité ; de sorte que d'hérésie en hérésie, la jurisprudence communautaire vient à nier complétement la doctrine, et à la taxer d'anti-sociale. Ainsi, prenez la formule de la fraternité, faites de l'analyse sociale, mettez en série, internez, vos calculs sont justes, votre résultat est inébranlable ; vous vous croyez dans le vrai abstrait, pas du tout, vous êtes à cent lieues des résultats concrets, parce que les docteurs ont fait entrer dans leur application un terme que vous avez oublié : *l'arbitraire*.

Écoutez M. Pecqueur.

« Par l'appétit physique, l'homme tend indifférem-« ment à la promiscuité; mais par l'amour spirituel, « par l'affection ou l'attachement, il tend à l'exclu-« sion, à la préférence et à *la perpétuité*. Or, cet « amour qui donne tant d'empire et de volupté au « besoin physique, c'est lui qui reflète tant de charme « sur cette attraction d'un moment, et le rend *la liai-« son continue et nécessaire*. Il n'y a donc pas à ba-« lancer, à moins de ravaler l'homme à l'état bestial ; « il faut tout ordonner dans l'ordre de la liberté et de « la moralité pour la *monogamie ;* la constance ou *la « perpétuité* au nom *du bonheur individuel* et de « l'intérêt général. »

Tous ces arguments sont tirés de la propriété et de sa perpétuité ou de la succession; et cette tirade de M. Pecqueur n'est qu'un commentaire fleuri du droit d'user et d'abuser, comme l'entend le Code civil; c'est la glorification de l'exclusion au nom du bonheur *individuel*.

M. Pecqueur n'est donc pas communiste; en présence du mariage il passe dans le camp de l'individualisme pour se faire le champion de la monogamie; mais cette désertion des conséquences communautaires ne les rend que plus énergiques, que plus profondément réprouvées.

Revenons à la science, après avoir fait du juste milieu et de la palinodie avec les docteurs, et terminons en rappelant ce que nous avons déjà dit : qu'en communauté le mariage est impossible, et que l'amour n'y est que la prostitution ou le viol.

2° Dans la Propriété.

La famille, pour exister, pour se perpétuer, pour être l'élément organique de la société, a besoin d'avoir une réalité extérieure, d'être une chose distincte, séparée, monopolisée; les législateurs de l'individualité ont parfaitement satisfait à ce besoin, en plaçant cette réalité dans la *propriété*. La propriété individualise la famille, en fait une molécule sociale, dont la conservation regarde la loi civile, qui abandonne l'administration du petit monde social au père de famille.

Qu'était-ce donc que créer la propriété? C'était matérialiser, objectiver l'unité de l'amour dans le mariage, c'était écrire sur le sol du monde l'association unitéiste, mais spirituelle et subjective des deux époux; c'était faire passer dans la matière, dans la distribution des choses l'élément de la liberté qui avait déterminé la monogamie; c'était enfin souder le mariage au capital et les envelopper dans la même formule.

Au premier aspect, il paraît étrange que la propriété sociale soit le produit de la liberté, rien n'est plus exact cependant; mais pour bien comprendre cette proposition, il ne faut tenir aucun compte de ce qui s'est passé dans le monde romain, dans le moyen âge et dans notre époque au nom de la propriété.

Dans l'histoire, la propriété qui a pris possession de la civilisation au nom de l'individualisme et de la division se gonfle jusqu'au monopole. La grande propriété envahit la petite, n'a-t-elle pas pour accomplir cette absorption, l'usure, la banque, l'intérêt à tout taux, le fermage multiplié et déguisé sous mille formes; et, mise au monde au souffle de la liberté elle enfante un esclavage qui n'a rien à réclamer en horreur à l'esclavage antique, tant il est vrai, ainsi que l'a fait remarquer un penseur de premier ordre, que l'esclavage est au fond de toutes les doctrines exclusives. La propriété ne devait pas échapper à cette loi; son pouvoir d'accumulation est infini, son accroissement n'a pas de limites et peut s'étendre jusqu'à atteindre les colonnes d'Hercule. Aussi quel triste spectacle Appien ne nous a-t-il pas laissé des envahissements de la grande propriété et des maux qu'elle enfantait dans l'Italie.

« Les riches, maîtres de la grande partie de ces « terres non limitées, enhardis par la durée de leur « possession, achetèrent de gré *ou prirent de force* « l'héritage de leurs pauvres voisins et transformèrent « leurs champs en immenses domaines. Ils employè- « rent des esclaves pour laboureurs et pour bergers, « le service militaire arrachant les hommes libres à « l'agriculture. Les riches devinrent démesurément « riches, et les esclaves augmentèrent rapidement en « Italie; mais la race italienne s'appauvrit et s'anéantit « usée par la misère, l'impôt et la guerre. Si l'homme « libre échappait à ces maux, il lui fallait se perdre « dans l'oisiveté, car le sol était tout entier aux mains « des riches qui cultivaient par des esclaves, et ne « voulaient pas de lui. »

Triste et douloureuse conséquence, l'esclavage croissait en raison directe de la grande propriété, et ainsi s'accomplissait peu à peu l'anéantissement de la classe moyenne qui en était réduite à envier aux esclaves leur existence laborieuse et souillée. Aussi est-ce l'aspect de la Toscane, silencieuse et dépeuplée, qui inspira dit-on la pensée de la loi agraire à Tiberius, et lorsqu'il présenta la loi, quel tableau ne fit-il pas de la misère des hommes libres sans travail et sans propriétés.

« Les bêtes sauvages qui sont répandues dans les « montagnes et dans les forêts d'Italie, disait-il, ont « chacune leur fort et leur tanière pour s'y retirer, « mais ces braves Romains qui combattent et qui s'ex- « posent à la mort pour la défense de l'Italie, ne jouis- « sent que de la lumière et de l'air qu'on ne peut leur « ravir, et ne possèdent aucune chaumière qui puisse « les mettre à couvert de l'injure du temps. Sans mai- « sons, ils errent dans leur patrie comme de tristes « bannis. Ils ne font la guerre et ne meurent que pour « entretenir et augmenter les richesses des grands « propriétaires : on les appelle les maîtres de l'univers « et ils n'ont à eux aucuns morceaux de terre. »

Ces plaintes étaient légitimes, mais imprudentes.

« Tibérius paya de sa tête sa courageuse entreprise, « son caractère, sa vie ne le sauvèrent pas. Caïus fut, « comme son frère, assassiné par une *aristocratie* « *corrompue*. Après la mort de ces deux hommes, qui « avaient voulu recréer une classe moyenne, là où la « grande propriété et l'esclavage grandissant tous « les jours rendaient un si beau projet impossible, le « mal fut incurable. La république fut composée de « riches et de misérables, tous également corrom- « pus par l'extrême misère ou l'extrême richesse. Et « quand Marius appela sous ses drapeaux les prolé- « taires et les *capite censi*, il fit moins un acte d'am- « bition que de nécessité ; — le citoyen romain « n'existait plus. »

« *Les grandes propriétés ont perdu l'Italie :* s'é-« criait Pline, *et les voilà qui perdent les provinces !* « Cri perçant d'un patriote qui lisait dans l'avenir » (Laboulaye, *Histoire du droit de propriété*). Mais pourquoi la grande propriété perd-elle les Etats ? C'est que la grande propriété est un retour à la communauté, c'est qu'en imaginant que tous les domaines d'Attale Philometor sont devenus la propriété du sénateur Levius, ils seront habités, cultivés par des esclaves, n'obéissant qu'à une volonté, celle du propriétaire, ne pouvant rien posséder en propre, ni avoir d'initiative individuelle, ne recevant d'autre salaire qu'une chétive nourriture qui leur est encore disputée par des intendants voleurs. La vie, le temps, la pensée, le génie, la force de l'esclave, tout est à son maître, il ne produit pas pour lui, mais pour le collecteur commun, son individualité ne peut prendre son essor, car elle appartient à la règle, l'esclave enfin est une chose, et nous verrons bientôt qu'il en doit être identiquement de même de l'homme dans la communauté.

Ce résultat définitif de la propriété est, on doit le dire, un fait bien douloureux, et cette émotion qu'éprouvait Tibérius en parcourant les sauvages solitudes des beaux champs toscans, nous pourrions encore l'éprouver en présence des mêmes spectacles, si la propriété n'avait pas été profondément modifiée depuis la république romaine. La modification la plus éclatante, celle qui, surtout dans l'avenir, est appelée à socialiser la propriété, est la définition que les écrivains de ce siècle ont donné de son origine, contrairement à celle admise de toute antiquité.

Les Romains avaient de la propriété, une idée pleine d'énergie, qui leur faisait établir un abîme entre la famille et la société. Il fallait une union légitime, il fallait une puissance paternelle pour jouir de cet énorme monopole de la propriété ; et quand l'étranger voulait s'unir au sol de la République, la loi des Douze Tables leur répondait par cet axiome social : *Adversus hostem æterna auctoritas æsto.*

Le droit familial ne protégeait que les membres de la famille, et le droit national ne pouvait étendre ses bienfaits que sur les nationaux ; au delà se trouvait l'*hostis*, c'est-à-dire le déshérité du droit de cité et de propriété contre lequel on luttait toujours.

Chose remarquable ! quand les anciens auteurs parlent de l'origine de ce droit si énergique, si exclusif, on ne peut la trouver autre part que dans l'occupation, c'est-à-dire la prise de possession brutale, mais acceptée et défendue par la loi.

D'où vient cette idée de l'occupation, voilà ce qu'il s'agit de déterminer.

Quod enim nullius est id, ratione naturali, occupanti conceditur. Ce qui n'est à personne, dit la loi romaine, peut devenir tout naturellement l'objet d'une appropriation personnelle.

Le droit social est anéanti, le droit individuel seul

est tellement énergique, qu'au delà de ses limites on tombe dans l'indéterminé, le neutre, l'inapproprié. C'est ce que J.-J. Rousseau a très-éloquemment démontré lorsqu'il dit :

« Le premier qui, ayant enclos un terrain, s'avisa « de dire ceci est à moi, et trouva des gens assez sim- « ples pour le croire, fut le vrai fondateur de la so- « ciété civile. Que de crimes, de guerres, de meurtres, « que de misère et d'horreurs n'eut point épargnés au « genre humain celui qui, arrachant les pieux ou « comblant les fossés, eut crié à ses semblables : Gar- « dez-vous d'écouter cet imposteur ; vous êtes perdus « si vous oubliez que les fruits sont à tous et *que la* « *terre n'est à personne.* »

Cependant, malgré la violation apparente que fait au droit public l'appropriation spontanée d'une chose, d'un terrain inoccupé jusque-là, la théorie de l'occupation a trouvé de nombreux et d'illustres défenseurs. Grotius, Puffendorf et Blackstone l'ont appuyée de l'autorité de leur génie, et il est permis d'hésiter avant de condamner un système aussi bien défendu.

Tout à l'heure nous espérons pouvoir démontrer que l'économie politique et la législation ne sont pas loin de s'entendre ; mais avant d'opérer la réconciliation de leurs doctrines, il faut aller jusqu'au fond de l'idée matérielle d'occupation que nous présente la loi romaine, et faire voir qu'en exagérant le sens grossier de cette origine de la propriété, on est tombé dans le ridicule d'une appropriation par le seul fait du toucher. Voici le passage de M. Troplong, auquel il est fait allusion :

« Quand l'homme porte pour la première fois la « main sur un objet sans maître, il s'opère un fait « qui, d'individu à individu, a la plus grande portée. « La chose ainsi occupée participe pour ainsi dire de « la personnalité de celui qui la tient : elle devient « sacrée comme lui-même ; on ne peut la lui arracher « sans faire violence à sa liberté, et la déplacer sans « toucher témérairement à sa personne. »

Telle est la moralité de l'occupation, de cette incrustation du sol dans l'individualité humaine!! — L'homme arrive, pose la main sur la terre, et désormais il peut avec confiance s'endormir dans la gloire de sa conquête; son toucher magique a opéré le phénomène de la propriété. Si un autre homme se présente et renouvelle cette miraculeuse apposition des mains, il ne produira rien, parce que tout est réservé à la priorité, à la question du temps et de l'espace : ce n'est pas la liberté qui fait la propriété, c'est le temps qui l'impose ou la retire; la propriété, c'est la fatalité.

La fatalité! C'était là l'obstacle que rencontraient autrefois les roturiers qui ne pouvaient devenir propriétaires du fief, ce mythe féodal dont la Révolution de 89 a dispersé les ténèbres. La théorie de M. Troplong conduirait donc aussi au 89 de l'*occupation*, si, dans les entrailles mêmes de la loi civile, on ne rencontrait les éléments du dogme de la propriété moderne, éléments qu'il faut mettre en lumière.

Lorsque Portalis présenta au Corps législatif le projet du titre *de la Propriété*, voulant combattre les idées communistes qui demandaient la désappropriation du sol, il s'écria :

« Oui, citoyens législateurs, c'est par notre indus-
« trie que nous avons conquis le sol sur lequel nous
« existons, c'est par elle que nous avons rendu la terre
« plus habitable, plus propre à devenir notre demeure.
« La tâche de l'homme était pour ainsi dire d'achever
« le grand ouvrage de la création.

« Or que deviendraient l'agriculture, les arts, sans la
« propriété FONCIÈRE, qui n'est que le droit de possé-
« der avec continuité la portion de terrain à laquelle
« nous avons appliqué nos pénibles travaux et nos
« justes espérances. »

En repoussant le système de l'occupation, Portalis admettait le travail comme père de la propriété ; mais, il ne faut pas le perdre de vue, sa concession n'allait pas jusqu'à dire que la propriété cessait avec le travail : il voulait faire planer au-dessus des produits de l'activité individuelle momentanée, contingente, le domaine éternel de la propriété foncière ; il remplaçait le fief de la noblesse par le fief de la bourgeoisie ou de l'épargne accumulée et transmise.

Révolution immense, qui tirait le travail, ce paria

des civilisations passées, du servage dans lequel l'avait tenu si longtemps la féodalité et le représentait comme étant le seul mode légitime de l'occupation.

Du reste, cette idée de rattacher l'origine de la propriété au travail, dont l'occupation n'aurait été que la forme brutale et primitive, n'appartient pas en propre à Portalis, car les Saints-Simoniens citaient avec une énergie triomphante, dans leur *Exposition de* 1828-1829, ces paroles prononcées par Cazalès, en 1791, à la Constituante :

« Il n'est pas un paysan qui ne vous apprenne ce « que vous ignorez, je veux dire ce principe d'après « lequel celui qui n'a pas cultivé n'a pas le droit *de* « *recueillir des fruits !* Loin d'avoir son origine dans « le système féodal, ce principe a pour base, que la « propriété est fondée *sur le travail.* »

Depuis la Révolution de Février, M. Troplong a publié un livre sur la *Propriété,* et, sentant la nécessité d'abandonner le système de l'occupation primitive, il s'est jeté dans la théorie du travail.

« Puisque Dieu, dit-il, a condamné l'homme au « travail, ne l'a-t-il pas appelé à jouir du bénéfice « de son travail ? Le droit fondé sur le travail est le « plus évident de tous. »

La réconciliation de M. Troplong avec les idées modernes sur la propriété est donc manifeste, et désormais le savant commentateur du Code civil ne peut plus voir dans la propriété que le fait de l'occupation par le travail, occupation qui cesse avec le travail, et met ainsi le droit individuel au-dessus des atteintes du régime communautaire.

Le pieu de Jean-Jacques n'est donc que le signe apparent de la limite où expire le travail, c'est-à-dire la volonté d'occuper pesonnellement par la production.

Le socialisme, dès lors, a été amené à poser cette formule célèbre : *Chacun possède légitimement ce qu'il a créé*. On doit facilement le comprendre, la nouvelle interprétation donnée à la pensée intime de la propriété et à sa genèse philosophique, la rend plus respectable, plus exigeante, dans les limites de sa définition, dégagée qu'elle est des pressions qu'exerçaient sur elle, soit le souvenir de l'occupation mal comprise, soit les débris du fief germain qui, au nom d'une prépondérance personnelle, tirait de l'alleutier des primes et des rentes diversement nommées. La propriété, c'est-à-dire le travail, a donc le droit et la puissance de refuser aux oisifs toute participation aux produits, et la vérification des titres de chacun à leur jouissance est toute la Révolution commencée depuis plusieurs mois.

En 89, le clergé fut dépouillé, la noblesse fut dépouillée, pourquoi? Parce qu'ils ne travaillaient pas, et que ces paroles de Cazalès : *la propriété est fondée sur le travail*, avaient ébranlé le vieux monde féodal.

Auraient-elles donc aujourd'hui moins d'empire, s'il existait encore des priviléges pour l'oisiveté et des blasons pour le parasitisme?

Le travail, avons-nous dit, est le père de la propriété. Où commence-t-il? où finit-il? voilà ce qu'il est intéressant de constater.

Le travail commence à l'inutilité économique, et finit quand l'utilité économique est produite : la phase du travail est donc *de rien arriver à la création utile*. La matière fondamentale de l'inutilité économique, la matière première, est imposée à l'homme fatalement; sa liberté n'est pas mise en jeu pour faire cette conquête, elle est au contraire opprimée par la nécessité de prendre, d'accepter la substance des choses. Cette substance, ce fonds commun de l'utilité a-t-il une valeur échangeable? aucune; il faut que l'homme intervienne, tire du néant où elle est plongée cette possibilité économique, la façonne, la forme, lui impose sa destinée utilitaire et en fasse, au moyen de la *création formelle*, la valeur sociale qui circule.

Regardez l'art dans la période du dégagement de la personnalité humaine, examinez ses conceptions, et voyez si ce n'est pas l'homme qui, en vertu de sa liberté, pénètre dans le monde extérieur, s'assimile les croyances populaires et leur donne toute la valeur, toute l'importance de son génie. Phidias lit Homère et en retire la pensée, la conception si formidable de son Jupiter. Raphaël avait autour de lui les traditions chrétiennes; elles flottaient dans l'esprit de son siècle, sous forme de légendes triviales et vulgaires; cependant, de quelle sublime originalité ne les a-t-il pas dotées, et combien sa personnalité leur a fait acquérir de beauté et de grâce! Géricault entend raconter le naufrage de la *Méduse :* son génie s'empare de ce récit, connu de tous, il le travaille, le grandit, l'interprète à sa manière, le rend funèbre, sauvage, épouvantable de désolation; enfin, d'une narration de gazette, il fait cette puissante individualité-Méduse que tous admirent. Le génie de l'artiste crée tout, le travail seul a droit aux propriétés produites.

Si travailler, c'est produire librement de rien, la propriété commence avec la liberté, elle existe au nom de la liberté, elle se perpétue au nom de la liberté, et c'est encore au nom de la liberté qu'elle pourra toujours garder ce qu'il y a en elle de légitime, d'éternel, d'absolu. La propriété finit avec la liberté, et réciproquement : ainsi l'ouvrier à qui on refuse une partie de son salaire n'est pas libre, parce qu'il ne jouit pas de tout le produit de son travail. Il est bien vrai que la société réclame le sacrifice d'une quotité de ce produit sous forme d'impôt; ce sacrifice, la société peut seule l'exiger au nom de la solidarité universelle; mais l'ouvrier est dans le plus douloureux esclavage, s'il ne peut disposer librement de tout le reste de sa propriété, et il a le droit d'assembler les états généraux du travail pour décréter l'abolition de la vassalité qui l'opprime. Voilà les principes ; voyons quelle application on en a faite dans le régime égalitaire.

Le communisme, dont le point de départ est l'anéantissement de l'individu au profit de l'espèce, fait disparaître jusqu'à l'idée du produit du travail : c'est ce que prouve la théorie de la propriété ESPÉCIELLE ou communautaire de M. Cabet.

« *C'est la République, dit M. Cabet, ou la communauté qui est propriétaire de tout, qui organise ses ouvriers et qui fait construire ses ateliers et ses magasins ; c'est elle aussi qui fait cultiver la terre, qui fait bâtir les maisons, qui fait fabriquer tous les objets nécessaires à la nourriture, au vêtement, au logement et à l'ameublement ; c'est elle enfin qui nourrit, vêtit, loge et meuble chaque famille et chaque citoyen.* »

L'idée de la communauté n'est pas difficile à saisir : la propriété n'est pas abolie, la propriété individuelle seule est engouffrée dans l'énorme monopole de la propriété de l'espèce, image de la propriété de Levius : le domaine éminent est remis aux mains de l'État, collecteur du revenu net. La liberté y gagne-t-elle ?

La liberté, avons-nous dit, a pour expression économique et sociale la propriété ; supprimez la propriété, faites qu'en produisant une utilité, l'homme soit obligé de la voir tomber dans la propriété commune, vous supprimez également la liberté individuelle au profit de la commune; l'homme travaille comme l'esclave romain, dont tous les travaux étaient absorbés par le maître, le propriétaire, le monopoleur.

Mais, dira-t-on, la communauté fait disparaître de la société le paupérisme, cette banqueroute permanente et homicide du travail; elle assure à chaque citoyen la vie, elle le fait membre de la société au lieu de l'abandonner aux vices qui sont ses éternels conseillers dans la sauvagerie de la misère!

A quel prix obtient-on ce résultat? Au prix de la suppression du revenu net qui fait l'épargne, qui crée les inégalités légitimes et profile l'usage de chaque liberté.

Or, le produit brut est l'ensemble de toutes les utilités sociales produites par le travailleur; nous l'avons vu, vous prenez son produit net, vous, sénateur romain, ou bien vous, dictateur d'Icarie, vous le faites tomber dans le fonds commun : n'avez-vous pas fait la même chose, commis le même sacrilége et rivé d'une main profane la liberté, le génie à la seule satisfaction des besoins, dégradé sa personnalité humaine, en lui défendant de dépasser les limites des maigres débauches des repas d'Ilotes ou de la cuisine icarienne; n'avez-vous pas enfin consommé par anticipation le vol du travail, de la propriété enfin?

La communauté, comme l'esclavage antique, absorbe non-seulement la liberté présente, elle escompte aussi celle de l'avenir, en inféodant l'homme dans un cercle de bronze, la différence entre le produit brut et le produit net, et elle lui défend de grandir, de se déployer, de créer sa personnalité, en un mot, elle l'opprime, l'affame et l'énerve.

Avec la liberté disparaît donc le génie, et, bien des fois, sans doute, quelque producteur d'Icarie oubliera de tourner la meule commune pour songer, comme Térence, aux délices de la meule individuelle. Ces rêveurs seront les voleurs, suivant M. Cabet, ils priveront pour un instant la communauté de leur liberté qu'elle a enchaînée, de leur propriété dont elle les dépouille chaque jour, et il y aura probablement des gendarmes destinés à les ramener à la règle commune et à leur faire admirer l'harmonie d'un pareil ordre social.

Ah! ce que les gendarmes ne pourront obtenir, c'est de faire éclore le génie, d'exciter les arts, et d'ordonner que l'on produise des chefs-d'œuvre et des machines nouvelles : le génie, étouffé dans la communauté, s'enfoncera dans la routine.

C'est la République, dit M. Cabet, qui chaque année détermine tous les objets qu'il est nécessaire de produire ou de fabriquer pour la nourriture, le vêtement, le logement et l'ameublement du peuple.

En trois lignes voilà cinq esclavages insupportables.

On ne mange que les plats décrétés : Esclavage !

On ne porte que des vêtements décrétés : Esclavage !

On n'habite que la maison décrétée : Esclavage !

On ne se sert que des meubles décrétés : Esclavage !

Enfin, on ne produit que les utilités décrétées : Esclavage !

Quoi ! je veux faire un tableau, une statue, un opéra, et parce que le pouvoir législatif ne le veut pas, je serai hors la loi, hors du droit commun, si j'obéis à l'inspiration qui m'est venue ! si le sujet qui m'enflamme n'est pas un sujet décrété ! Si je me fais personnel, c'est-à-dire artiste, me voici anarchiste, et dès lors poursuivi, parce qu'ayant eu une inspiration *indépendante*, j'aurai introduit le cheval de l'originalité dans la Troie icarienne !

Est-il possible de créer, de produire par décret ? Non, et il faut le proclamer au nom de la Liberté.

L'homme ne crée rien, n'imagine rien ; seulement, quand il a saisi dans la nature, dans la contemplation de ce beau pavillon du monde qui lui a été donné pour demeure, une loi de succession, d'harmonie, de série, il transpose les termes de cette série, détermine une série artificielle et compose ; mais ces transpositions facultatives, indépendantes, ne peuvent jamais s'approprier qu'aux cadres de son inspiration, de sa pensée, de sa liberté en un mot.

Composer, c'est faire acte de liberté, et non remplir le programme de la république communautaire; composer, c'est individualiser, et non faire œuvre collective : l'inspiration décrétée est donc, par cela seul, frappée à mort, et le travail n'est plus que l'obéissance à la loi, obéissance dont on s'écarte chaque jour de plus en plus par ennui, par fatigue, par absence d'intérêt.

Ce n'est donc pas sans de déplorables conséquences que, d'une main audacieuse, on cherche à détruire chez l'homme ce légitime instinct du droit d'appropriation des fruits du travail, car on anéantit infailliblement la liberté, qui est le principe de sa force, le foyer de son ardeur, et il ne reste plus, sous la main du législateur, qu'une machine réclamant chaque jour sa nourriture et la satisfaction de ses besoins, au nom de l'abdication de sa liberté.

Si la société vient un jour à lui refuser le payement de sa dette, le créancier, l'homme libre fait esclave pour vivre, au sein du repos, de la pitance communautaire, ne peut-il arborer le drapeau de la révolte, sonner une Jacquerie de la misère et, au nom de sa liberté reconquise, ensanglanter la société épuisée de sacrifices infertiles? N'est-ce pas là l'histoire des ateliers nationaux?

Répétons-le donc, la société qui supprime l'appropriation supprime le travail, et, tôt ou tard, elle doit succomber d'épuisement ou mourir dans les horreurs d'une guerre sociale ; mais la société qui, entre le travail et la propriété, met un obstacle, comme le *fief* ou l'*occupation*, porte dans ses flancs les révolutions toujours souveraines du travail, qui, dans nos temps remués, aspire à la dictature.

LA COMMUNAUTÉ

DESTRUCTIVE DE LA LIBERTÉ DANS LA PRODUCTION.

Paul-Louis Courrier dit, dans une de ses spirituelles causeries : « C'est la lettre moulée qui fait qu'on as- « sassine depuis la création, et Caïn lisait les journaux « dans le paradis terrestre. Il n'en faut pas douter, « les ministres le disent. »

M. Cabet a pris au sérieux cette satire, et s'écrie, dans son *Voyage en Icarie* :

« Nous avons coupé le mal dans sa racine : 1° en « établissant une organisation sociale et politique qui « rend inutile l'hostilité de la presse; 2° en ne per- « mettant qu'*un seul journal* communal pour chaque « commune, *un seul journal* provincial pour chaque « province, et *un seul journal* provincial pour la

« nation. » Liberté d'écrire, liberté de publier un journal, tout est anéanti au profit d'un journal, dont ce joli monopole peut bien être la subvention, et encore ce journal n'est-il qu'une feuille d'annonces et un recueil de rébus, car il n'y a plus d'hostilité contre le gouvernement. — En Icarie, on ne se contente pas d'étouffer l'esprit humain, on le châtre, et ensuite on proclame la liberté; on plante le drapeau rouge sur des tombes et on crie victoire, parce qu'il n'est pas renversé.

Comment! en Icarie, il n'y a pas de controverse, pas de lutte de feuille à feuille; on ne le souffre pas : vous ne laissez pas la pensée se reproduire dans toute sa franchise, dans toute sa rigueur? vous la pliez au niveau du journal communal, vous la rognez, vous la brisez, vous la rejetez, vous faites de l'exclusion! — De l'exclusion? Vous voilà propriétaires : transportez vos idées sur le sol, vous ne voudrez même pas du mur mitoyen. — Communistes! vous n'êtes que des propriétaires déguisés, des propriétaires féroces, faisant vos haies de bronze, votre monopole d'airain, et exterminant l'homme et son génie pour lui faire goûter les délices de votre vie d'or. — Dieu, après avoir fait un homme, a créé l'humanité; après l'individu, il a songé à l'espèce, à la série, qui n'est que la collection diversifiée des individus; mais l'individu est resté le type, le postulat de l'espèce; — aussi, dans l'ensemble des droits qui appartiennent à l'humanité, il ne faut pas perdre de vue un seul instant le droit individuel, car le droit public n'offre de garantie qu'autant qu'une seule individualité n'est pas opprimée, absorbée. Le problème social consiste donc à mettre en équation le droit individuel et le droit de la collection : c'est là qu'est la synthèse — c'est là que l'égalité trouvera sa loi, et la liberté son entier et personnel développement.

Dans la communauté, l'individu est une création incompréhensible, absurde, digne tout au plus d'alimenter l'espèce, vouée à une égalité forcée, à l'uniformité de la mort. La spontanéité de l'homme, sa brillante fantaisie, son aventureuse et originale imagination, qui le jettent partout dans le monde où il y a à glaner une idée charmante, un contraste piquant, un trait de génie, tout cela doit être repoussé, opprimé; produire l'originalité, c'est conspirer et conspirer très-sérieusement, car, à la moindre personnalité en relief, la communauté aurait la mort dans ses flancs, et l'Icarie serait une seconde Gomorrhe, consumée par le feu du génie.

Aussi, à l'uniformité des journaux, le législateur d'Icarie joint-il l'uniformité des vêtements, l'uniformité du logement, l'uniformité de la vie, et la société devient une perpétuelle protestation contre l'œuvre de Dieu, qui partout est multiple, diverse, sériée dans son éternelle unité.

Tout le monde a le même vêtement, ce qui ne laisse

pas de place à l'envie et à la coquetterie, page 58. (*Voyage en Icarie.*)

L'envie? la coquetterie? C'est la rivalité, c'est l'émulation, c'est la concurrence, c'est la lutte de deux libertés, c'est la machine à vapeur de la production, c'est l'exaltation de la conscience, dont le travail n'est qu'un des développements! Étouffez tous ces sentiments, glacez le sang qui circule dans les veines sociales, faites de l'homme un cadavre, qu'il devienne une chose, c'est le moyen de le mettre en communauté. Le luxe, la recherche du beau, la poursuite de l'art dans les vêtements, vous regardez tous ces appétits comme anti-communistes, vous défendez dès lors au producteur de les satisfaire, et vous avez, d'un côté des affamés, de l'autre des ouvriers et des artistes inspirés sans ouvrage possible; voilà les résultats de votre uniformité. De la liberté, nulle part, ni dans la production ni dans la consommation, mais la communauté du besoin partout.

Chaque maison a quatre étages, non compris le rez-de-chaussée, trois ou quatre ou cinq fenêtres de largeur, page 63.

L'uniformité des castors!

Et l'architecture, qui personnalise au plus haut point la conscience humaine, qui est l'art dans la prise de possession individuelle du climat, du sol, de la nature; l'architecture, qui est l'homme fait génie de la création, l'architecture sera réduite aux mesquines proportions d'un décret de M. Cabet, et viendra s'affamer dans la bourgeoise et chétive conception d'une maison d'épicier Icarien.

Continuons la revue de cet enterrement des arts en Icarie.

La loi voulant qu'il y ait tant de chanteurs, tant de danseurs et tant de musiciens dans les fêtes, elle ordonne aussi l'éducation, etc.

Ainsi le nombre des vocations est limité; au-delà de ce nombre Rossini ne trouverait pas à faire un opéra et Rubini ne pourrait placer une note : pourquoi, parce que *l'espèce* a assez de musiciens, de chanteurs? que le nombre en est atteint et que la concurrence ne peut exister.

Ce n'est pas la vocation individuelle qui est consultée, non, c'est le besoin général de la chose : pas de demande sur le marché, pas d'art possible : vous êtes inspiré, l'aigle plane sur votre front radieux, qu'importe, faites comme Mathurin Brunot et laissez-nous jouir de nos musiciens comptés, numérotés et à prix fixe. — Mais au nom de la liberté ne puis-je produire mon talent, jeter dans la circulation ma partition inédite? — Non! au nom de la fraternité éteignez votre génie naissant et faites-vous maçon; il manque là un gâcheur, c'est ce que je viens d'apprendre en lisant *le Journal national*.

Cette réduction de l'homme à la règle, de l'inspiration au nombre, du génie à la mesure des décrets doit nous permettre d'apprécier dès maintenant la base fondamentale de la philosophie communautaire. Elle repose sur l'identité supposée de la loi morale et de la loi physique, sur la possibilité de faire passer dans les combinaisons sociales les lois numériques des phénomènes physiques et de régler l'humanité comme un ensemble de forces soumises à des formules invariables, mathématiques.

L'homme est un chiffre que le législateur d'Icarie place, retranche à sa volonté à l'aide d'une arithmétique sociale qui ne tient aucun compte des éléments neutres sur lesquels elle opère ; mais un chiffre est un être d'abstraction, sans forme particulière, sans volonté spéciale, sans initiative, c'est une machine à numération, à organisation, sans activité ni résistance à la règle.

Au sein de ces combinaisons infertiles la liberté disparaît, car elle troublerait singulièrement les calculs du législateur d'Icarie mais sans elle la production individuelle, soumise à la volonté générale, atteint bientôt les limites du rachitisme industriel et mécanique et finit par s'éteindre dans l'horrible oisiveté de l'ennui.

LA COMMUNAUTÉ

DESTRUCTIVE DE LA LIBERTÉ DANS LE DROIT POSITIF.

Le droit positif est la reconnaissance faite, au nom de la société, du droit individuel qui devient dès lors la pensée générale.

La liberté dans la société ne peut être que cela, et ne devient positive qu'à cette condition, ce qui revient à dire que le problème de la liberté civile, n'étant autre chose que le problème de la certitude philosophique, il y a nécessité après avoir déterminé le contenu de la liberté de lui donner une réalité formelle, une existence corporelle; c'est là le rôle du droit positif propriétaire.

La loi, posée en face des opinions et des volontés particulières doit valoir contre elles et faire triompher le droit personnel qu'elle a mission de sauvegarder; l'activité humaine pouvant se mouvoir dans les limites arrêtées par la loi est ainsi en possession de sa liberté que rien ne peut diminuer que sa propre abdication. C'est là la période du développement des institutions judiciaires, car l'application de la définition juridique se fait continuellement aux faits et aux événements à l'aide des corps judiciaires qui en sont les interprètes. Il y a donc un intermédiaire régulateur de la liberté individuelle aux prises avec la liberté de la collection et qui les maintient dans leurs infranchissables et respectives limites, autrement, l'arbitraire prendrait le sceptre des sociétés.

C'est ce que Portalis exprimait fort bien dans ce discours au Conseil d'Etat, lorsqu'il disait :

« C'est encore non comme propriétaire supérieur et « universel du territoire, mais comme administrateur « suprême de l'intérêt public que le souverain fait des « lois civiles pour régler l'usage des propriétés pri- « vées. Ces propriétés ne sont la matière des lois *que* « *comme objet de protection et de garantie*, et non « comme objet de *disposition arbitraire*. Les actes ne « sont pas de purs actes de puissance, ce sont des « actes de justice et de raison. »

Ainsi la loi protége, garantit, en laissant l'individualité produire le droit, et la liberté se développer sous cette protection et cette garantie.

Mais dans la communauté il n'en peut être ainsi sous peine de rétablir la propriété.

« Chacun doit-il avoir droit à une part égale? de- « mande M. Cabet.

« Évidemment oui, car tous sont *enfants* et *héri-*
« *tiers* de la nature. »

Dès lors l'égalité est une situation variable à chaque naissance ou à chaque décès, et la loi, au lieu de protéger et de garantir les produits du travail, dispose arbitrairement des fruits individuels suivant le chiffre des enfants et des héritiers de la nature. Les limites du droit ne sont plus dans l'homme, elles lui sont extérieures, imposées fatalement par le milieu social, et le droit positif n'est plus que la consécration de cet esclavage.

« Cette égalité est-elle parfaite et absolue ? » continue M. Cabet.

« Non ! l'égalité était relative aux besoins de chaque
« individu ; celui qui avait besoin de deux fois plus,
« pour être rassasié, avait le droit d'en prendre deux
« fois plus, quand il y en avait pour tout le monde. »

De sorte qu'augmenter ses besoins, multiplier ses désirs, c'est s'enrichir en Icarie ; tandis que la sobriété, la modération en toute chose, est duperie et appauvrissement : la loi positive ne fait donc qu'enregistrer le coefficient de la gourmandise et de la gloutonnerie de chacun, et le prendre pour la mesure de ses droits et de sa propriété.

La liberté, le travail, sont grandement mis de côté, et le ventre est le suprême régulateur.

L'Icarie est donc une société composée d'aristocrates et d'esclaves.

Les aristocrates sont les ventrus et les Gargantua, voués à la paresse pour seconder convenablement leurs digestions et se préparer à assister, sans somnolence, aux spectacles que la République leur ouvre gratis.

Les esclaves sont les travailleurs sobres et économes qui sont réduits, les idiots, au régime que leur impose leur sobriété native, et qui travaillent pour fournir aux gras et doubles repas des ventrus. Mais bientôt, je le crois, la communauté ressemblerait à ce couvent de Thélème, dont Rabelais fait cette singulière peinture :

« Les moynes se levoyent quand bon leur sembloyt ;
« beuvoyent, mangeoyent, travailloyent, dormoyent,
« quand le désir leur venait, et leur reigle n'estoyt
« que ceste clause : Fay ce que vouldras. »

Le droit positif communautaire est donc la consécration de la spoliation du travailleur et du capitaliste, au nom de la pensée générale et du droit public; or, en supprimant le droit individuel, qui est l'élément organique de la société, on supprime la société elle-même.

Dans les premiers jours de la révolution de Février, M. Cabet fit répandre dans Paris une petite brochure ayant pour titre : *L'Individualisme et le Communisme*, et dans laquelle le communisme était présenté comme devant sauver la révolution ; cette brochure avait pour épigraphe cette menace faite à la propriété :

« *Préparez-vous; car le propriétarisme a beau*

« *se débattre, le communisme est proche... et son* « *avénement est fatal.* »

Cependant au milieu de la joie que lui cause l'avénement de ses doctrines et la naissance de son Messie, M. Cabet se fait une objection et dit :

« On affirme que la communauté serait la cessation « du travail et la mort de l'humanité... Mais com- « ment est-il possible de hasarder une pareille affir- « mation? Comment est-elle justifiée? Il n'y a pas un « travailleur qui puisse le croire. Au contraire, avec « une bonne éducation, avec les machines multipliées « à l'infini, avec le travail *par tous*, dans l'intérêt « *de tous*, le travail sera bien autrement agréable, « animé, et l'humanité, rendue plus riche et plus « heureuse, sera bien autrement vivante. »

Le travail *par tous et pour tous* est justement ce qui anéantit le travail individuel, et ce qui prouve la tyrannie de l'espèce sur l'individu. M. Cabet a beau faire, jamais il n'éteindra chez l'homme ce noble sentiment de la famille consolidée et perpétuée par la propriété; jamais il n'obtiendra un travail aussi persévérant, aussi passionné que celui déterminé par l'amour soit dans le mariage, soit dans la paternité, et jamais il n'aura le triste bonheur de faire disparaître les belles et vigilantes énergies du père et du propriétaire.

C'est cette même théorie du travail *pour tous* que M. Louis Blanc exposait lorsqu'il disait, dans son livre de l'*Organisation du travail*. « Le pauvre peut-il

« cueillir les fruits que la main de Dieu a fait mûrir « sur le passage des hommes? Non! parce que, de « même que le sol, les fruits ont été *appropriés.* »

Vous plaignez ce pauvre! pourquoi n'avez-vous donc pas aussi d'entrailles pour ce laborieux jardinier dont les efforts et la vigilance ont quelque peu secondé la main de Dieu! quoi, vous donnez des espérances au pauvre et vous spoliez le pauvre devenu riche par son travail? Mais vous allez arrêter ses efforts, dessécher en sa source son énergie et ces beaux fruits, que Dieu seul dore dites-vous, bientôt ils ne seront plus que d'amères et d'aigres baies de sauvageons; car Dieu a permis que le travail seul de l'homme continuât et perfectionnât la nature. Or, je vous le demande, où trouverez-vous un homme au monde qui consente à travailler dans le seul intérêt de faire l'ornement de vos desserts icariens, ou de voir ses treilles opulentes devenir la proie du premier vagabond qui se les appropriera par cette unique raison qu'il aura soif!

Oh! communistes? vous semblez jouer à qui ne payera pas la carte du restaurateur!

LA COMMUNAUTÉ

DESTRUCTIVE DE LA JUSTICE DANS LA RÉPARTITION.

Avant tout il faut se faire une idée de ce qu'est la justice, pour bien déterminer sa définition, et les devoirs réciproques qu'elle impose.

Il y a dans l'homme deux besoins impérieux, celui de la société et celui de son individualité, leur satisfaction intégrale est le but de justice. La justice est donc la loi de réciprocité qui préside à la conservation de l'espèce et de l'individu. Sacrifier l'individu à l'espèce, c'est faire du communisme et manquer à la justice, sacrifier l'espèce à l'individu c'est courir au monopole et blesser également la notion du juste; mais associer le particulier au général et maintenir leur intégrité respective, telle est la mission des principes de réciprocité dont l'ensemble compose ce que nous appelons la justice.

Dans les phénomènes économiques, le premier fait

déterminatif de cette loi, en ce qui regarde la conservation de l'individu est la *répartition*. La répartition est le droit séparé, distinct, de jouir du bien-être et de tout le bien-être produit par le travail qui devient dès lors l'incorruptible mesure du mérite des actions humaines, et qui est tout à la fois aussi la source et la garantie de la propriété et des jouissances qu'elle procure. Répartir c'est donc distribuer, diviser inégalement créer des attributions diverses, individualiser différemment le produit. Répartir, c'est établir le compte-courant du travailleur, et reconnaître sa propriété, répartir, c'est tuer la communauté. En Icarie, la répartition est impossible et serait contradictoire, puisque le droit individuel est anéanti; cependant comme on ne peut supprimer les besoins individuels, et que chaque jour voit naître la faim de chaque Icarien, le législateur a dû pourvoir aux moyens d'apaiser tous les appétits, qui sont au plus haut degré, les protestations de l'individu contre l'absorption de l'espèce.

On les satisfait par ce que M. Proudhon appelle si énergiquement la *ration*. Ration de nourriture, ration de vêtement, ration de spectacle, et l'estomac et l'esprit ont la consigne de ne pas exiger au-delà. Ainsi, la république fournit tout : elle habille la paresse aussi bien que le génie, elle nourrit le gourmand aussi bien que le pythagoricien, enfin elle a divisé sa population, comme un damier, en molécules égales, sur lesquelles elle distribue également ses bienfaits icariens, avec le sang-froid d'un badigeonneur.

On comprend avec quelle facilité le communisme raisonne, bâtit son Icarie et stipule le bonheur de tous. Il prend de son autorité le postulat suivant : Tous les hommes sont des chiffres égaux, puis il les additionne, les met en table de multiplication, les divise, les combine en rond, en losange, en triangle, rien n'est plus facile, ce sont des unités dociles, inintelligentes, mais égales, et M. Cabet s'écrie : admirez mon ordre social, *j'ai supprimé la police et les gendarmes!* Oui, vous les avez supprimés, mais il n'y en a pas non plus au milieu des cimetières, les morts sont des Icariens parfaits.

Rationner également, n'est pas répartir également, car répartir également, c'est prendre pour base de la distribution le travail, à travail égal salaire égal, à spontanéité, activité, intelligence inégales, propriété inégale, voilà la justice. Le problème de l'égalité ne pouvait être que celui de trouver une base, uniforme partout, et dans tout adéquate à l'activité humaine sans l'intervention d'aucun privilége, d'aucun capitalisme.

Ce mot de ration, implique donc contradiction avec l'idée de salaire. Le salaire est la réalisation du produit, le produit est la manifestation du travail, on voit dès lors que le salaire est le travail sous une formule de convention qui est la monnaie. La récompense du travail est donc le produit, mais le taux du produit est variable suivant la quantité et la qualité du travail, et cette variabilité est justement ce qui spécialise et détermine les individualités. Si le travail est simple, facile, de courte durée, négligé, le produit sera en rapport; si au contraire le travail a les qualités opposées, le produit croîtra dans la même proportion. Cette proportionnalité de produits, est tout à la fois une œuvre de justice et de liberté. De justice, parce que la société consacre le droit individuel jusqu'à la limite des efforts et des utilités sociales mises en circulation ; de liberté, parce que c'est l'homme qui crée son salaire, qui en est l'instrument et lui donne la proportion de sa volonté, de son ardeur au travail, de son intelligence à la manipulation. La ration part d'une autre idée, elle exagère le sentiment indéfini d'une charité fraternelle pour niveler en l'absence du mérite la récompense, et de plus, loin d'abandonner la conquête de la récompense à l'initiative individuelle, à l'ardeur personnelle, elle en fait une obligation de la loi, un droit que l'individu peut réclamer de la société les armes à la main, si la société n'accomplit pas ses obligations, et l'émeute, la barricade, loin d'être l'anarchie, deviennent la force légale qui doit toujours rester à la loi autorisant et déterminant la ration.

En haine de l'oppression industrielle, en haine de la propriété conquise par le travail, accumulée par la moralité, la communauté supprime le salaire, et sa suppression ne s'arrête pas là : elle englobe aussi la responsabilité de l'ouvrier, et légitime la guerre civile.

La communauté, pour réaliser sa formule, fait un appel au dévouement, à la fraternité, mais ces deux sentiments ne sont puissants chez l'homme qu'à la condition d'être exaltés par le désir, la passion du travail salarié : sans cette excitation ils n'ont aucune existence, aucune action, et le système de la répartition communautaire affaissé sur lui-même laissera la société mourir de faim, ou chercher son salut dans la propriété.

Puis enfin quand l'ouvrier, bercé des illusions d'une théorie qui garantit la paresse et supprime les inquiétudes, s'insurge contre la société qui, suivant la donnée communiste, doit nourrir tous ses membres et vient les armes à la main exiger l'exécution du programme et y forcer les résistances propriétaires, ce n'est plus là l'émeute dit-on, c'est la légalité de la métamorphose sociale, c'est la dette sacrée de la vie qu'il faut payer aux masses initiées aux doctrines icariennes, c'est la lutte bénie de la fraternité contre l'égoïsme et l'oppression !

Après avoir supprimé la justice, le communisme est forcé de justifier la guerre civile et d'en rejeter toutes les horreurs sur la propriété, c'est-à-dire sur la liberté.

Ce n'est pas tout ! le communisme prive le travail de tous ses droits en lui enlevant le salaire, nous l'avons prouvé, mais il lui enlève encore sa valeur, son énergie économique, sa puissance de circulation. De sorte que le travailleur communiste voit non-seulement toute son ardeur, toute sa moralité, toutes ses tendresses paternelles, si puissantes à exciter l'intelligence, aboutir fatalement à une pitance icarienne à laquelle a le *même droit* le travailleur paresseux, mais il se trouve encore dans l'inique impuissance de pouvoir se rendre compte de la valeur de son travail, de nombrer ses efforts et de coter sa fraternité.

Ce dernier point est le résultat de la suppression de la monnaie et, après les explications que nous allons donner il sera prouvé jusqu'à l'évidence que la communauté est incompatible avec la réciprocité, conséquemment avec la justice.

Un des phénomènes les plus curieux de l'économie politique est sans contredit celui de la circulation ; il est assez semblable à celui qui détermine tous les liquides à entrer en équilibre avec la pesanteur atmosphérique et à rechercher par une série d'oscillations ce qu'on appelle leur niveau, c'est-à-dire leur point fixe. Faire circuler un produit c'est lui faire atteindre sa valeur, c'est déterminer son échange dans les conditions les plus heureuses, c'est enfin le *mettre en valeur* et le classer dans l'échelle économique à son point fixe. Il y a dans la nécessité de la circulation pour atteindre ce maximum de valeur un fait double qu'il faut distinguer et diviser. Evidemment le produit qui circule recherche le marché, et sa valeur dépendra de l'abondance des produits en proportion des besoins, ce premier résultat, qui est abandonné au hasard et aux combinaisons de l'agiotage, n'est pas le fait qu'il s'agit de mettre en relief en ce moment; mais cette valeur recherchée par le produit est aussi mesurée sur l'argent, et l'argent, qui est tout à la fois la mesure du produit et le but de circulation, en a été le moyen et l'instrument : voici le second fait.

Ainsi un produit est d'abord traduit en argent, comme la chaleur est traduite en degrés thermométriques, puis la circulation commence, l'argent en est le but au moyen du compte ouvert ou de la traite, etc... et le produit atteint la mesure de son être économique, à l'aide d'oscillations dont les amplitudes sont souvent l'œuvre de l'agio.

Cette nécessité de l'argent comme mesure, comme instrument et comme but a excité bien des esprits à s'occuper du problème de la monnaie.

Est-elle marchandise, comme l'ont dit certains économistes, ou plutôt n'est-elle qu'un signe représentatif de la valeur, ainsi que l'ont prétendu d'autres philosophes? voilà quel est l'état de la question.

Les partisans de l'idée de marchandise n'ont jamais pu résister à cet invincible argument, que la richesse d'une nation ne consistant pas dans la quantité de numéraire qu'elle possède, mais dans la somme des valeurs consommées et produites, le numéraire n'était pas marchandise, parce qu'il ne se consommait pas.

La monnaie n'est pas non plus un signe, puisque celui qui la possède a un gage, une valeur représentative; et d'ailleurs si elle était simplement un signe, les billets pourraient en tenir lieu. Or, on sait que la confiance dans les billets de toute nature n'est grande qu'en proportion de la facilité de la conversion en numéraire.

La monnaie n'est donc pas un signe; produit du travail appliqué aux matières les plus rares, elle est une valeur régulièrement constituée dans le monde économique, et, pour cette raison, on l'a regardée comme la mesure de tous les autres produits.

D'ailleurs l'échange direct des produits ne pouvant toujours s'accomplir, il fallait un instrument d'échange indirect, un instrument qui réalisât les deux conditions de facilité, de transport et de garantie, et la monnaie plus que tout autre les réunissait.

Pour appliquer les principes d'égalité, pour protéger la liberté de la consommation des salaires, pour répartir les salaires suivant la loi de justice, la monnaie est donc indispensable. Sans la monnaie, sans ce thermomètre de la *valeur,* l'appréciation des productions est impossible et fugitive, et l'arbitraire s'empare de la justice, comme l'arbitraire s'emparerait de la science des phénomènes physiques sur la chaleur, sans les instruments destinés à la mesurer, à la déterminer mathématiquement.

La détermination de la valeur est donc indispensable, c'est le critérium de la certitude économique, et sans cette base irréfragable, l'ouvrier ne saurait pas quand il a été assez payé, ni le marchand, quand il a vendu assez cher.

Dès lors, pour établir la loi de réciprocité, c'est-à-dire pour mettre en mouvement l'échange sur une échelle qui permette de respecter tous les droits du travail, il faut conséquemment que la monnaie existe tout à la fois comme étalon de mesure et comme instrument de circulation.

En supprimant la monnaie, le communisme détruit la loi de réciprocité : car qui pourrait déterminer ce que je dois à la société, si la société ne peut établir mon compte, mesurer mon travail, compter mes efforts et le mettre en relation avec des efforts pareils.

Ce n'est pas tout. La circulation, avons-nous dit, fait atteindre au produit son maximum de valeur, en lui permettant d'obéir aux exigences de la demande, mais si le produit ne circule pas, il perd évidemment ce que la circulation lui aurait fait acquérir. Comment donc les produits pourraient-ils circuler sans instrument de circulation, comment pourraient-ils être l'objet d'une transaction à distance, sans être une valeur déterminée et acceptable avant la formalité du transport, comment enfin s'achèverait la négociation dans le cas assez fréquent où aucune marchandise ne serait demandée en échange?

Evidemment, le produit qui ne circule pas perd, et le producteur est privé d'une partie de la valeur qu'il a créée : l'absence de la monnaie a donc pour résultat de spolier l'ouvrier d'une partie des fruits de son travail et de le constituer incessamment en perte à l'égard de la société. Ce n'est pas là le règne de la réciprocité, parce que ce n'est pas respecter les droits de l'individu, c'est en consommer le sacrifice au profit de l'espèce, c'est en opérer l'absorption jusqu'à l'anéantissement complet, c'est tuer le travail en faisant disparaître du salaire l'élément de la justice.

Résumons donc tout ce que nous avons dit sur la répartition communautaire.

La ration Icarienne est la consécration du droit de la paresse et la glorification de la fainéantise, car en enlevant au travailleur les produits de son travail, pour lui accorder en échange un droit à toutes choses, une carte d'entrée à toutes les satisfactions matérielles, elle n'enlève rien aux paresseux, à qui elle est obligée de reconnaître les mêmes droits, sous peine de détruire la communauté; c'est donc un vol, fait au préjudice du travailleur, en faveur du fainéant.

En supprimant la monnaie, le législateur d'Icarie a rendu toute transaction impossible et *volé* le travailleur en s'opposant à ce que son produit acquit par la circulation toute sa valeur, tout son prix, la société seule profite de ce vol, mais le droit individuel n'en est pas moins blessé.

LA COMMUNAUTÉ

DESTRUCTIVE DE L'ÉGALITÉ.

La supériorité d'intelligence ne constitue pas plus un droit que la supériorité musculaire; elle ne crée qu'un devoir : il doit plus, celui qui peut davantage, voilà son privilége! Telle est la définition de l'égalité donnée par M. Louis Blanc dans la séance du Luxembourg du 20 mars 1848.

Avant lui, M. Cabet avait dit :

Serait-il juste de punir en quelque sorte, celui que le sort a bien moins partagé? La raison et la société ne doivent-elles pas réparer l'inégalité produite par un aveugle hasard? Celui que son génie rend plus utile n'est-il pas assez récompensé par la satisfaction qu'il en éprouve?

Voilà le principe : comment l'appliquera-t-on et quelle sera la base de cette répartition égale?

Sera-ce la somme des besoins? mais des besoins

de qui? de celui qui en a le moins ou de celui qui en a le plus, car on accordera, je le pense, que les besoins des hommes sont différents, inégaux dans leur quantité, dans leur variété! prenons pour exemples la faim, le besoin du luxe, la recherche des émotions dramatiques! Si vous prenez pour type, pour étalon de mesure les besoins d'un homme ordinaire, vous allez imposer son niveau à toute la collection, il sera le suprême mesureur de la communauté. Tous les hommes qui auront des besoins supérieurs aux siens iront en s'appauvrissant de jour, de jeûne en jeûne, de privations en privations, et finiront par tomber anéantis; tous ceux qui auront des besoins inférieurs, économiseront, accumuleront, deviendront des propriétaires, ainsi la loi d'égalité de répartition produira des propriétaires, c'est-à-dire des monopoleurs inégaux, et des affamés à différents degrés : la communauté aura déterminé des résultats plus effrayants que ceux de la propriété non socialisée.

Est-ce au contraire le travail qui doit être le point de départ de cette répartition unique qui s'étend de là sur l'espèce, mais ici se met bien plus en relief la profonde inégalité que fait naître l'égalité de salaire.

Ce que l'homme possède en propre, c'est son activité, c'est le produit de cette activité; aucune propriété n'est plus légitime, nous l'avons déjà démontré, mais rien n'est plus variable, plus personnel que cette activité; dès lors à moins de salarier la paresse ou de voler l'activité puissante il y a nécessité d'admettre une répartition proportionnelle aux utilités créées et produites.

Cette répartition égale, basée sur le travail, donne abri à la paresse et l'alimente; elle constitue à son profit une inégalité qui tend de jour en jour à devenir plus grande, à opprimer de plus en plus les producteurs laborieux jusqu'à ce que la paresse ou la fatigue amène la dépopulation de l'atelier et la mort de l'industrie. En voici un exemple cité dans la *Presse* du 2 avril 1848.

« J'ai l'honneur de vous adresser un petit exemple pratique sur l'organisation du travail, bon à mettre en regard du système préféré par M. Louis Blanc : *L'égalité du salaire*, l'émulation *par le point d'honneur du travail.*

« Je suis un ex-fabricant de bouteilles. Dans cette industrie, les travailleurs sont et ont été, dès l'origine, les associés du capital, car le salaire est payé à tant du cent de bouteilles fabriquées. Ainsi l'un et l'autre suivent les chances heureuses ou fâcheuses de la fusion des matières à réduire en verre.

« A l'entrée d'une campagne, les six maîtres ouvriers et leurs aides s'étant réunis me proposèrent que le salaire ne fût pas payé à chacun suivant ce qu'il aurait produit, mais qu'il fût fait masse des bouteilles fabriquées, et que le prix en fût réparti par sixième pour chaque maître souffleur ou ses aides.

« Je m'empressai d'accepter cette communauté entre les travailleurs; mais voulant converser l'émulation, le rendement de chaque maître ouvrier fut chaque jour affiché dans l'atelier.

« J'avais donc réalisé les deux termes du théorème de M. Louis Blanc :

« Égalité des salaires,

« Point d'honneur du travail.

« Il y avait même en plus un intérêt personnel, pour tous les ouvriers, d'unir leurs efforts pour hâter le travail, pour l'augmenter, et, par suite, le salaire commun.

« Au commencement, l'émulation fut assez grande : il y avait lutte pour reconnaître la valeur relative de chaque ouvrier.

« Une fois bien établie, je trouvai d'abord le plus habile des ouvriers se reposant, pendant que les autres travaillaient. A mes plaintes, je reçus pour réponse : « Soyez sans inquiétude, je ferai bien autant de bouteilles que celui qui en fera le plus. »

« Cette proposition se fit vite sentir d'échelon en échelon, et nos observations reçurent bientôt pour réponse de l'avant-dernier des ouvriers : « Ce n'est pas moi qui ferai le moins de bouteilles et le plus de rebuts. »

« Le classement des ouvriers resta le même pendant toute la campagne. *Le point d'honneur du travail* fut donc ainsi satisfait.

« Cependant la production se réduisit petit à petit, par suite des salaires, de manière que le huitième mois de la campagne offrait une différence en moins, avec le premier, d'environ 20 pour 100.

« A la campagne suivante, je repoussai la communauté ; chaque travailleur reçut le salaire de ses produits, et le résultat fut diamétralement opposé. L'ouvrier le plus fort entraînait tous les autres ; le dernier acquit aussi par ses efforts une valeur supérieure à lui-même.

« Ainsi la pratique répond à M. Louis Blanc. *Le point d'honneur du travail seul* a pour effet *de prendre l'incapacité pour chef de file*, et le cas le plus heureux est quand l'incapacité n'est pas doublée de paresse.

« Agréez, monsieur, l'expression de ma haute considération.

« EUMÈNES GODARD. »

Il faut bien le reconnaître, un principe de répartition basé sur l'égalité est en gestation de la tyrannie, de la paresse et de l'inégalité, car l'égalité n'est pas matérielle dans l'homme, elle n'est pas un niveau, elle ne peut être un lit de Procruste ; l'égalité est la destruction de tous les monopoles, de toutes les tyrannies ; l'égalité est le droit de mesurer sa personnalité à la mesure de tous ; l'égalité *est le droit de créer son inégalité* par son travail, par son génie.

Qu'il y ait la même mesure pour tous, que cette mesure unique soit le travail, et le règne de l'égalité aura commencé sur la terre ; mais la communauté est impuissante à nous la donner et doit en empêcher à jamais l'avénement.

« La communauté, dit Proudhon, est inégalité, « mais dans le sens inverse de la propriété. La pro- « priété est l'exploitation du faible par le fort, la com- « munauté est l'exploitation du fort par le faible. Dans « la propriété, l'inégalité des conditions résulte de la « force sous quelque nom qu'elle se déguise : force « physique et intellectuelle, force des événements, ha- « sard, fortune ; dans la communauté, l'inégalité vient « de la médiocrité du talent et du travail glorifiés à « l'égal de la force.

Que les communistes cessent donc de vanter le dogme de l'égalité dans la répartition comme l'idéal du règne de la justice ; qu'ils aient donc enfin le courage d'avouer que ce serait là l'assassinat de l'individualité, et qu'à l'aide de ce thème facile ils ne fassent plus la critique inspirée des réalités et des institutions. Malheureusement ces sophismes empruntent à leur vague, à leur indéfinition quelque chose de touchant et de chaleureux qui les fait aimer des masses inexpérimentées ; ils agissent sur les cœurs et les gouvernent avec d'autant plus d'empire, qu'ils sont présentés comme devant remédier aux souffrances sociales et faire disparaître le paupérisme, et que leur exposition est faite avec une assurance dont la science la plus inflexible n'oserait souvent pas revêtir ses propositions.

En voici un exemple remarquable, c'est le toast prépréparé par M. Lefuel, pour le banquet du 20 février 1848, et publié dans une brochure de 36 pages répandue à profusion dans Paris après la révolution. On lira avec intérêt cette allocution qui contient toutes les erreurs des communistes sur l'égalité et le règne de leurs idées :

Au Communisme.

« Citoyens,

« Je réclame en faveur de la liberté des toasts, qui est ici la liberté de conscience. Vous invoquez la démocratie, l'aristocratie, ou même la monarchie ; vous êtes libres, comme nous le sommes, nous, d'invoquer le Communisme contre l'individualisme, les deux grands principes uniques, absolus, qui se partagent le monde aujourd'hui. Nous élevons chacun notre étendard ; nous y inscrivons notre symbole, et la raison publique jugera.

« Avant-garde de l'esprit, sentinelles avancées du progrès humanitaire, les communistes impérissables planteront leur drapeau sur la terre de l'égalité absolue et vous crieront : « Réformistes, socialistes, enfants de Saint-Simon, apôtres de Fourier, généreuses phalanges, c'est là qu'il faut atteindre : tout ou rien en fait de principes!... »

« Les hommes sont égaux. Devant ma raison, devant ma conscience, aucun n'est supérieur à moi, aucun n'est inférieur!...

« Citoyens, c'est le cœur gros du spectacle affligeant des erreurs et des souffrances humaines que nous venons en appeler ici à la justice et à la raison de tous. Eh quoi! ces immenses travaux de l'esprit humain, ce pollen de toutes les intelligences d'élite, avant, pendant et après l'école philosophique du XVIIIe et du XIXe siècle, ces trésors de science et de progrès, amassés depuis si longtemps et avec tant de patience, tout cela devrait aboutir à rien, rien, rien!.... Oh! non, nous ne resterons pas ainsi dans les déchirements de l'incertitude, dans un marasme léthargique... Lazare, lève-toi! et marche, marche, marche!...

« — ... Utopie, utopie!... — Oui, je comprends que celui qui est moelleusement assis, moelleusement couché, richement vêtu, crie *haro* au communisme et s'écrie : « Utopie! » Peu lui importe... — « Il faut des riches et des pauvres, dit-il. Cela a toujours été, et cela sera toujours... » Eh bien! moi, je vous réponds, à vous, cœur égoïste et insensible, homme indolent : « Non, il ne faut ni riches ni pauvres... Il faut des égaux, des égaux en bonheur; car nous devons tous être heureux. C'est le vœu de la nature; elle nous y convie dans tous nos instincts... Non, l'amour du prochain, l'amour de ses semblables n'est pas une utopie. — Aimez-vous les uns les autres! a dit le Christ... »

« Invoquons donc le Communisme, citoyens. Appelons de tous nos vœux à ce banquet fraternel, l'image des banquets futurs, le jour glorieux où tous les travailleurs pourront respirer un air pur, où tous viendront s'asseoir tous les jours, d'un commun accord, dans un embrassement universel, dans une sainte communion, communion égalitaire de labeurs, communion égalitaire de repos et de fêtes!...

« Citoyens, je ne puis m'expliquer longtemps dans cette enceinte. Ce qui touche le cœur n'a pas besoin d'être exprimé. Ce qui est simple est grand. La plupart comprennent bien le Communisme; mais peu osent l'avouer. Ne craignez point d'annoncer la vérité ou ce que vous croyez l'être. Si vous êtes animés d'une conviction profonde, entrez dans le forum : faites votre profession de foi, et puisse votre voix être entendue du monde entier!...

« — Organisation égalitaire. *Toute profession devient fonction, et tout travailleur devient fonctionnaire public. Egalité des conditions* : un ministre n'a pas plus de droits dans la répartition des richesses sociales que le plus humble artisan : chacun est un rouage dans la grande machine humaine, et l'un est aussi indispensable que l'autre au mécanisme social. *Egalité des devoirs, égalité des salaires.* Production *égalitaire*, consommation *idem.* » Quand on aura atteint ce but, on sera arrivé à l'apogée du progrès social.

« Apôtres infatigables de l'Egalité, ne désespérez jamais de l'avenir... Hier fut l'imprimerie, cette sublime conquête de l'intelligence, aujourd'hui la vapeur, *demain le Communisme*. Le Communisme! je travestirai ce mot du moderne César : « Il est comme le soleil; aveugle qui ne le voit pas! »

« Communistes, *vous triompherez!... Vous triompherez*, parce que vous avez laissé là le fusil pour la parole... Vous triompherez, parce que la parole est une arme plus puissante que le glaive, et qu'au lieu de détruire et donner la mort, elle féconde et donne la vie... E. Lefuel.

Le programme du communisme se réduit donc à ceci :

1° Égalité des devoirs.

2° Égalité des salaires.

3° Égalité de la production.

4° Égalité de la consommation.

Nous allons examiner ces quatre égalités et démontrer tout à la fois leur impossibilité, leurs résultats funestes, si elles arrivaient à prendre racine dans nos institutions.

Quand on lit dans Malthus la remarquable critique des *Systèmes d'égalité*, on peut s'apercevoir que tout ce qu'il dit de l'égalité s'applique à la communauté et que dans l'esprit de l'auteur, ces deux mots expriment la même idée.

Rien n'est plus juste, car il est impossible de consacrer les inégalités, sans admettre le régime propriétaire dans ce qu'il a d'absolu, aussi la question de l'égalité est-elle fondamentale pour le communisme, et sa solution doit-elle déterminer le triomphe ou la ruine du système?

Chose remarquable, les écrivains de cette école ne sont pas d'accord sur la définition de l'égalité et surtout sur son application.

M. Lefuel la veut intégrale dans l'accomplissement des devoirs; M. Louis Blanc la repousse et pose en principe que la somme des devoirs doit croître en raison directe de la supériorité d'intelligence.

C'est là constituer un système d'inégalités proportionnelles sur une base bien fugitive et bien insaisissable, mais cet axiome prouve que M. L. Blanc avait senti la grandeur de l'objection tirée des supériorités incontestables dont la puissance physique et la puissance intellectuelle nous offrent tous les jours des exemples.

M. Lefuel et M. L. Blanc ne s'entendent donc pas.

Les devoirs sont égaux, dit le premier.

Les devoirs sont proportionnels à la supériorité, dit le second; et tous deux arrivent à comprimer l'individualité humaine, sous un poids déterminé à l'avance ou sous un poids qui peut grandir sans limites; mais il est facile de le sentir, le même but est atteint, d'une manière plus philosophique peut-être, mais non moins énergique par la théorie de M. L. Blanc. Ce but, est-il besoin de le rappeler encore, n'est autre chose que l'anéantissement de l'homme au profit de l'espèce, que l'accumulation des sacrifices individuels au profit d'une caisse commune, dans laquelle la paresse et le vice viendraient puiser d'une main aussi hardie, aussi légitime que le génie et la vertu.

Non, Dieu merci, les devoirs ne peuvent être réglés ainsi ni quant à leur quantité, ni quant à leur but final.

Le devoir n'est autre chose que la reconnaissance faite par l'individu des droits de la société; cette reconnaissance est d'autant plus multipliée et plus énergique que l'homme touche à plus de droits sociaux et manie des intérêts plus généraux, et elle détermine ainsi une échelle de responsabilité.

Le travail, le génie, la moralité peuvent différencier les hommes, mettre leurs droits et leurs devoirs en progression, en hiérarchie; mais, en proclamer l'égalité, c'est admettre l'identité des hommes, de leurs aptitudes et de leurs volontés.

Quel détestable blasphême contre l'œuvre de Dieu! Quelle criminelle ingratitude de l'orgueil contre cette création si variée, si différenciée dans sa splendide unité! Quelle audacieuse négation de l'œuvre divine que cette foi, dans une uniformité, qui devient le tombeau de la force et du génie. Admettre l'égalité communiste des devoirs, c'est coucher l'humanité vivante et désespérée dans un tombeau qui l'étoufferait sans pouvoir la contenir longtemps.

Cependant que dire? le programme communiste existe, répandu dans les journaux, dans les rues; il est remonté dans l'atelier, dans la mansarde; il y est lu avec avidité dans le silence de la misère et l'abandon de l'infortune, et le sophisme arrive à conquérir des convictions, à se fortifier d'adhésions énergiques, à faire naître des espérances trompeuses.

Aussi, il faut poursuivre la théorie de l'égalité, la pousser dans ses conséquences extrêmes et démontrer à tous, aux croyants surtout, que le dernier mot du communisme est l'assassinat.

L'égalité des devoirs veut, avons-nous dit, l'identité des hommes, mais s'ils ne sont pas identiques le législateur les nivellera, les égalisera pour les faire entrer dans le cadre communautaire, de sorte que l'application du système de l'égalité se réduit à une opération monstrueuse qui consiste à châtrer les énergies de celui-ci ou à prêter une virilité factice, mais légale, à celui-là.

L'égalité des devoirs aboutit donc fatalement à nier la série des aptitudes, les diverses énergies du génie, et à faire de tous les hommes un seul homme accomplissant sa fonction avec la régularité d'une machine? Etouffer chez l'homme la vie de la pensée, de l'inspiration, est-ce donc le rendre heureux et le civiliser? En faire un rouage est-ce lui donner le bienfait de la liberté? En faire une matière n'est-ce pas le mettre dans l'impossibilité d'accomplir le plus simple des devoirs.

Comment ne voit-on pas que la question de liberté est liée à celle de responsabilité; qu'il ne peut y avoir de responsabilité s'il n'y a pas de liberté, et qu'il n'y a pas de liberté, là où le législateur est armé de coercition et d'une puissance infinie de nivellement. L'égalité des devoirs est donc la destruction de l'idée même des devoirs, car il ne peut y avoir d'obligation personnelle dans une société qui ne tient aucun compte de la liberté individuelle.

Ainsi l'utopie du communisme nous conduit en pleine barbarie, c'est-à-dire, au règne de l'inégalité de la force, de la supériorité de la puissance physique et de l'irresponsabilité.

Je n'ai plus à m'occuper de l'égalité des salaires, puisqu'un chapitre spécial lui a été consacré, et j'aborde cette singulière égalité de *production* et de *consommation* qui est à ce qu'il paraît une des nécessités de l'organisation égalitaire. Quand on examine l'organisation sociale actuelle, on reconnaît au milieu de ses imperfections une tendance manifeste à l'ordre; or l'ordre n'est que la disposition régulière des distinctions et des différences. Grouper les hommes, les classer d'après le principe de justice et de réciprocité, c'est là constituer l'organisme social et réaliser *l'ordre*. L'humanité est donc la collection des différences individuelles, différences physiques aussi bien que morales, et quand notre société aura garanti à chacune de ces différences son entier développement et la perpétuité de cette protection, elle sera alors en possession de ces belles lois républicaines qui sont l'espérance de tous.

Mais si l'homme n'est pas identique à l'homme, si partout l'être est différencié de l'être, comment peut-il se faire que l'on pose en principe l'égalité de production et de consommation? Les forces des hommes sont-elles toutes égales, les appétits, les besoins de luxe sont-ils tous égaux? Que deviendrait donc un Etat dans lequel tous les citoyens seraient condamnés à produire également, à régler leur travail, non pas sur la force individuelle, sur l'attrait spécial pour la fonction, mais sur un décret qui limiterait la production, les énergies de la pensée et les forces vives du génie? Ne se perdrait-il pas chaque année une somme considérable de produits, et le génie, obligé de se contenir, de se replier sur lui-même, d'arrêter ses inspirations, ne tomberait-il pas affaissé, anéanti sous la pression de la loi, sous l'ennui de l'absence d'émulation et de rivalités personnelles? L'appauvrissement viendrait bientôt, et l'indigence se glisserait dans le corps social jusqu'à ce que la disette de produits eut amené une famine meurtrière.

L'esclavage et la misère se touchent donc : aussi la solution du problème du paupérisme est-elle dans

l'affranchissement du travailleur. C'est ce que nous démontrerons bientôt.

Mais, pour déterminer le denier, le type de la production quelle base prendra-t-on? Sera-ce le travail de l'homme le plus fort ou le travail de l'homme le plus faible? Des deux côtés on arrive à des conséquences iniques ou homicides, qu'il est facile de prévoir et qu'on retrouve encore, quand on examine avec soin la proposition de la consommation égalitaire. Car cette égalité aurait pour résultat d'affamer ceux que la pitance égalitaire ne pourrait satisfaire, ou d'accabler de produits à consommer ceux assez infortunés pour être sobres et simples dans leurs goûts.

L'égalité de consommation chercherait donc un équilibre impossible entre la famine et le superflu, et ces déplorables essais d'une monstrueuse égalité se feraient aux dépens de la liberté et de l'initiative individuelle.

L'organisation égalitaire tant vantée n'est donc en résumé que la suppression de la liberté et la réduction de l'homme à la fonction de machine, et cependant c'est avec cette théorie, au fond si répulsive à nos instincts, qu'un parti puissant a espéré s'emparer du gouvernement de la France et transformer les institutions et les garanties individuelles.

Philosophie criminelle et aveugle qui, au nom de la liberté, conduit la société à l'esclavage et agite imprudemment le dogme de l'égalité, sans s'apercevoir qu'elle en fait un instrument de ruine dirigé contre le génie de l'homme et contre les trésors de la civilisation passée.

Non! Ce n'est pas ainsi qu'il faut comprendre ce dogme sacré de l'égalité et la répulsion générale soulevée contre l'interprétation que nous venons de critiquer indique suffisamment que les socialistes communistes sont entraînés dans une hérésie fondamentale dont ils ne peuvent revenir! Au lieu de demander pour tous les phénomènes de la vie, pour toutes les expansions du génie, pour toutes les richesses de l'invention, la garantie, la sécurité, la légalité; ils ont osé d'une main profane écrire la charte du nivellement et solliciter de la puissance populaire la hache pour abattre les sommités, les individualités superbes et les génies opulents! Sollicitation sacrilége, car c'est détruire l'homme que de limiter sa personnalité et supprimer l'homme, c'est vouloir anéantir l'œuvre de Dieu.

Malthus avait donc raison de confondre dans sa pensée l'égalité et la communauté, ce sont deux formes du même principe; et quiconque entendra l'égalité comme MM. Lefuel et L. Blanc, sera obligé d'accepter les conséquences que nous venons de signaler.

LA COMMUNAUTÉ

EST INCOMPATIBLE AVEC L'ASSOCIATION.

Le plus puissant moyen de faire cesser l'antagonisme du droit individuel et du droit de tous, c'est l'association. L'association organise cet antagonisme au lieu de le laisser dans la sauvagerie de l'individualisme, elle en tire parti en le consacrant égal au droit de la totalité, suivant la proportion de sa valeur, de son utilité, de son énergie.

L'espèce n'a plus intérêt à absorber l'individu, car c'est amoindrir ses forces, et au sein du mouvement commun la comptabilité établit et perpétue l'individualité sans laquelle l'humanité ne serait qu'un infertile polypier.

Organiser, c'est associer; associer, c'est mettre en série les capacités, puis dans la série mettre en progression croissante ou décroissante, les capacités suivant leur utilité économique, et là se trouve le classement de l'individualité.

Depuis longtemps le mot d'association a été prononcé, mais jusqu'à présent il n'a été compris qu'au préjudice des associés travailleurs.

Le socialisme s'est ému de cette fausse interprétation faite au nom de l'égoïsme et de la féodalité financière, et l'Institut lui-même a protesté contre ce système d'associations oppressives dont l'industrie actuelle nous offre tant d'exemples.

« L'isolement, dit M. Rossi, c'est l'état sauvage, l'as-« sociation oppressive à son plus haut degré, c'est la « barbarie. En deçà de ces deux termes extrêmes, l'his-« toire nous fait apercevoir des variétés, des nuances « très-diverses. La perfection se trouve dans les asso-« ciations volontaires qui multiplient les forces par « l'union, sans ôter à la puissance individuelle ni son « énergie, ni sa moralité, ni sa responsabilité. Tout « peuple chez lequel peut se réaliser cette haute com-« binaison de la puissance individuelle avec le prin-« cipe d'association est entré définitivement dans la « carrière de la civilisation progressive. »

Puis M. Rossi, s'élevant à une appréciation assez élevée de la synthèse sociale, continue :

« Le génie européen, vif et mobile, ne peut s'accou-« tumer à cette vie sociale, uniforme, inaltérable qu'on « a pu remarquer dans d'autres climats, chez d'autres « races; aussi l'histoire de l'Europe, de ses institu-« tions, de ses mœurs, de ses coutumes, est-elle un « tableau mouvant qui étonne et embarrasse l'obser-

« vateur par l'incessante succession des formes, des « couleurs les plus variées. Aujourd'hui que le privi- « lége qui de sa nature aspire à l'immobilité, à la du- « rée, a définitivement succombé dans sa lutte avec le « principe de l'égalité civile, le génie européen peut se « manifester dans toute son indépendance.

« De là ces saturnales de l'individualisme qui ont « excité tant de plaintes et donné naissance à tant de « systèmes. Les plaintes sont fondées, le génie euro- « péen a commencé par abuser de son émancipation, « il a oublié que l'homme n'est pas fait pour agir « seul et ne songer qu'à soi et au temps présent. S'il y « a en lui un principe d'indépendance personnelle, il « y a aussi un principe non moins puissant et non « moins sacré de fraternité et de secours *mutuel*.

Je n'ai pu résister au plaisir de citer cette belle page qui arrive à la contradiction de la propriété et de la communauté, et pose d'une manière si simple le problème de l'association, *de la mutualité*.

Mais puisqu'associer c'est combiner la puissance individuelle avec la puissance collective, l'opération se réduit à un échange de produits entre l'individu et l'espèce, et l'organisation sociale n'est plus qu'une échelle de proportion sur laquelle viennent s'échelonner tous les services; eh bien cette loi suprême de justice fait disparaître la communauté.

Dans une association chacun a sa part de travail, chacun a sa fonction, chacun a sa destinée économique, mais cette division du travail constitue déjà l'individualité qui prend sa forme définitive arrêtée à la répartition, c'est-à-dire au moment du calcul des utilités produites. Le dividende est donc la négation de la communauté et cependant le dividende est le produit du travail collectif organisé. La comptabilité anéantit la communauté mais comment produire, vendre, échanger, consommer, recevoir des valeurs sans les additionner, les soustraire, les partager, comment une société peut-elle exister sans arithmétique, comment classer les hommes sans les compter. La communauté est donc réduite à nier le nombre, à croire à la totalité de tout, et à faire du monde de la nature un seul bloc partout le même, partout unique, partout indivisible, éternel, comme les plaines incréées de l'espace où règne le vide, toujours le vide. C'est bien là l'inorganisation, l'infaculté d'être, et l'éternité du néant.

Cette inflexible conséquence a épouvanté les écrivains communistes, et croyant pouvoir sauver leur principe à l'aide d'un éclectisme déguisé, ils ont admis la comptabilité communale, tout en repoussant toujours la comptabilité individuelle.

« Un troisième, dont j'admirai beaucoup l'écriture
« faite par un des copistes nationaux, était une sta-
« tistique de la ferme, indiquant tout ce qu'elle avait
« produit l'année précédente, ce qui avait été con-
« servé pour la consommation du fermier, ce qui

« avait été versé dans les magasins nationaux. » Quoi! une comptabilité, un compte ouvert avec le fermier, avec les magasins nationaux, un doit, un avoir, un passif, une balance, malheureux M. Cabet, vous avez laissé entrer dans Icarie le poison du nombre, la distinction du *tien* et du *mien* s'y est installée, vous êtes en pleine propriété, et vos Icariens sont maintenant des capitalistes!

En présence d'un aveu semblable qui ruine entièrement la théorie communiste, que doit faire le communisme?

Comme Caïn, assassiner l'individualisme qui existe au sein de la communauté, et dont le travail exhale un parfum d'amour pour la propriété puis, cet assassinat commis, régner par le despotisme du nombre, par l'égoïsme de la paresse, par le mépris de toutes les lois de la justice, jusqu'à ce que le monde ne soit plus qu'un stérile désert, ce qui ne serait pas dans un lointain avenir.

Ou bien faire l'aveu de son impuissance, cesser sa propagande et ses déclamations et remettre aux mains de la justice, de la *mutualité*, comme dit M. Rossi, le problème de la société. La communauté y aura son influence : reine du monde autrefois, elle n'a pas perdu entièrement sa royauté, il y a dans quelques-unes de ses anciennes institutions quelque chose d'absolu, d'éternel, mais pour tirer l'or des débris de son trône, il faut les combiner avec la propriété. Cette combinaison sera l'œuvre de la justice, car la justice seule sait organiser, sait associer, elle sera surtout l'œuvre de la réciprocité, car la réciprocité consacre le respect des individualités et supprime comme féodale et barbare l'oppression sous quelque nom qu'elle se présente, de quelque côté qu'elle vienne.

CONCLUSION.

J'ai atteint les limites de cette monographie, et je crois avoir suffisamment démontré que le communisme détruit chez l'homme la moralité et la sociabilité.

Au point de vue du droit abstrait, l'homme est une capacité juridique qui reconnaît sa puissance extérieure et la fait reconnaître à la société, il détermine ainsi la propriété, et cette détermination a lieu par le travail, par l'émanation de son activité, par l'inspiration de son génie, par son action sur le monde extérieur, par sa liberté enfin. La négation de la propriété individuelle est donc la négation de la liberté. C'est l'esclavage.

L'homme frappé d'immobilité, ne peut plus disposer ni de son activité ni des fruits de cette activité, tout contrat lui est interdit et l'échange le plus considérable de tous, le plus social, le seul qui fasse naître la justice et la solidarité, devient impossible, puisque l'homme ne produit pas pour lui et n'a droit qu'à une ration, accordée non à son travail, mais au numéro sous lequel il est classé dans les archives de la commune Icarienne.

Ce n'est pas tout; la volonté n'est libre que lorsqu'elle a une existence extérieure, une réalisation corporelle; la négation de cette volonté, l'atteinte portée à son existence, constituent le crime à des degrés différents, mais si la volonté ne peut avoir de manifestation personnelle, si elle flotte dans le vide communautaire sans forme et sans initiative, elle ne peut être lésée, froissée; tout ce qui s'exerce sur elle n'atteint qu'un cadavre, et elle est soumise, insensible et innée, à toutes les oppressions individuelles, sans que le droit en soit blessé, sans que la notion du juste en soit déclassée, sans que l'opinion publique en demande justice. Loin de là, opprimer l'individualité est le rôle de la justice communautaire, réprimer toutes les tentatives de volontés irritées est son droit, de sorte que la vie communautaire est la glorification de l'esclavage et du vol.

L'amour ne peut exister, puisqu'à chaque instant la loi en change l'objet et regarde le viol comme un moyen de contrainte légale aux mains du pouvoir exécutif, pour empêcher la conspiration d'une union qui, en constituant l'unité matrimoniale déterminerait la chute de la communauté.

La violence en amour est le plus inique esclavage,

le législateur Icarien y a recours, quand l'obéissance à la loi n'amène pas la plus hideuse prostitution.

Avec cette négation de la perpétuité de l'amour, la famille vole en éclats, et les hommes ne sont plus que des molécules sans affinité, groupés dans une enceinte pour y prendre part aux repas communs. Mais des hommes, cette dépossession de la liberté s'étend aux choses, et le travail ne doit plus produire pour le travailleur. La communauté intervient à chaque instant et s'empare des produits de l'activité humaine, comme le négociant à chaque instant du jour, recueille la fabrication de sa machine.

Ainsi disparaît la propriété individuelle; et à l'esclavage du cœur vient se joindre le honteux esclavage de la pensée et du génie. L'homme n'est pas seulement liberté, il est encore justice; car la justice est la liberté réciproque dans le commerce avec nos semblables, dans les échanges qui interviennent entre nous et l'humanité, la justice autorise et légitime la proportionnelle répartition des choses physiques et la loi de la justice est de répartir suivant la quantité de travail mis en circulation.

Eh bien! la justice est violée dans la communauté, car la répartition est basée non sur le travail, mais sur un niveau arbitraire qu'on nomme l'égalité, et qui est la consécration des plus monstrueuses inégalités.

La répartition égalitaire supprimant les efforts

énergiques en les laissant sans produit, organise donc le vol et sanctifie la paresse en la mettant au niveau du génie et du travail.

A l'aide de ce rappel des diverses critiques faites dans ce livre, on peut établir les propositions suivantes :

1° Le droit individuel et le droit social, sont deux termes qu'il faut mettre en équation pour obtenir le développement intégral de la liberté. Si le premier terme est en exagération sur le second, il y a tyrannie, monarchie despotique : l'individu frappe l'espèce d'un sceptre de fer, c'est Louis XIV absorbant la France dans son *moi* glorieux et superbe. Si au contraire l'espèce tend à absorber l'individu il y a esclavage.

2° Le principe de la loi civile est l'*unité* des époux dans leur vie entière, le mariage devient dès lors l'image de la vie du monde, *une* dans l'antagonisme universel : forcer l'homme à briser cette unité, c'est forcer ses instincts, ses affections, c'est le rendre esclave.

3° La nature, en donnant à l'homme une raison, une énergie, une volonté, un sentiment de l'unité partout et dans tout a créé l'individu et en a fait l'archétype de l'humanité par le mariage et la propriété. Briser cette raison, cette énergie, cette volonté, ce sentiment de l'unité pour détruire le mariage et la propriété, c'est proclamer *l'esclavage* comme base de la société et tuer l'âme humaine en comprimant son initiative jusqu'à la rendre commune et déterminée à l'avance.

4° L'esclavage est improductif, parce qu'il est la négation de la liberté, qui est la raison de la production.

L'esclavage conduit donc à la famine après avoir déshonoré l'homme.

5° Le travail est une des émanations de la loi d'amour ! parce que l'homme, dans son action sur le monde extérieur, continue l'œuvre de Dieu et il est admis en économie politique, que l'homme devient propriétaire de tout ce qu'il crée, ce qui revient à dire que l'homme peut disposer du contenu de sa liberté en créant la propriété. Nier cette loi au profit de la communauté, c'est nier le droit individuel et le flétrir en le privant de tous ses droits, de toute son énergie. C'est exproprier l'homme de sa liberté.

Aussi l'esclavage n'existe-t-il pas par lui-même ! Pour se produire, pour agir, pour se perpétuer, il a besoin d'une cause, d'une force étrangère, qui le protége contre les retours de la liberté ; cette force est la loi répressive, l'esclavage communautaire a l'échafaud pour sceptre ; le bourreau tient en ses mains la mesure de la fraternité universelle. L'égalité communautaire ne peut régner qu'en assassinant la liberté.

6° Le premier principe de la justice est celui-ci :

La propriété a pour origine et pour limite le travail et tout le contenu de l'activité humaine est matière d'appropriation, il en résulte que toutes les propriétés sont égales dans leur origine, dans leur mesure et dans leur fin.

Donner à l'homme *moins* qu'il n'a produit, c'est le *voler,* lui donner *plus* c'est *injustice*, car ce *plus* n'a eu ni commencement ni fin, puisqu'il n'est pas le résultat du travail; c'est un privilége, une négation de la justice.

La répartition égalitaire est donc ou un vol ou un privilége, ce qui est encore un vol, c'est une négation, un mensonge, rien, le néant.

7° La communauté est donc le néant de la liberté et le néant de la justice.

LA COMMUNAUTÉ

EST NÉCESSAIREMENT MONARCHIQUE.

La société française, un instant abandonnée aux influences diverses du communisme, doit-elle lui appartenir définitivement et pour toujours ou bien, retrouvant le vieux génie de sa civilisation, va-t-elle reprendre sa marche lente mais éternelle dans le temps et continuer l'œuvre des anciennes générations, voici ce que tout homme se demande avec inquiétude d'un bout de la France à l'autre. La question est posée, le crédit, la confiance, le repos sont suspendus et attendent que les nouvelles institutions donnent la réponse si douloureusement espérée ou redoutée.

La crainte serait-elle aussi grande, si l'on s'était fait de ce socialisme l'idée qu'il faut en avoir, et si la société, loin de redouter la solution des problèmes vantés, avait voulu en examiner les éléments avec son infaillible bon sens. Trois préjugés composent tout le bagage socialiste, trois préjugés ont pu remuer le monde et faire les frais de toutes les espérances égalitaires de la révolution, mais doivent-ils continuer leur œuvre d'intimidation et servir de thèse à l'aggression de certains journaux politiques, voilà ce qui n'est pas probable.

Il y a dans la marche des sociétés une infaillibilité qu'il faut reconnaître, et si les fausses théories les arrêtent et les étonnent, rarement elles les entraînent dans les voies rétrogrades.

Le premier préjugé qui défraye depuis longtemps les déclamations communistes est celui qui attribue la cause du paupérisme à la mauvaise organisation du travail; puis, à l'aide d'une critique, toujours facile quand elle n'est pas le côté négatif d'une affirmation philosophique, d'un système sorti de la métaphysique, on est arrivé à démontrer l'anarchie du régime individuel, la guerre du système de la concurrence, la barbarie du travail parcellaire, et la critique finie on présentait un plan d'organisation, de disposition hiérarchique et inflexible du travail dans lequel tout était merveilleusement disposé hormis un chose, LA LIBERTÉ.

Le socialisme ne veut pas voir que *travail* est synonyme de *liberté*, que jeter la liberté dans un plan philosophique c'est la restreindre, la tyranniser, l'étouffer, qu'on n'organise pas la vie parce qu'elle est tout organisée par Dieu, que la loi humaine doit se borner à en protéger les développements, à en garantir à la société tous les fruits. Le socialisme a fait grand bruit de ce plan d'organisation du travail, chaque école a eu le sien, c'était de l'oppression déguisée sous le nom d'association ou de monopole industriel, et le gouvernement de Février, sorti des barricades qui avaient conquis notre liberté, s'est fait le complice de toutes ses erreurs aboutissant à la suppression de la liberté.

Mais, on doit le dire, l'organisation du travail a trouvé peu de crédit dans la France; l'idée agitait les esprits sans les convaincre, et le sentiment intime de la liberté, mise en péril, a sauvé la patrie d'une déchéance profonde dans le rang des nations libres.

Le second préjugé est celui du monopole gouvernemental, celui-là malheureusement était destiné à une terrible célébrité. Les journées de juin, ces sanglantes supplications faites par l'ouvrier égaré pour les maintien des ateliers nationaux et la conservation d'un salaire qui en faisait un fonctionnaire public, ces lugubres et criminelles représailles du prolétaire contre les détenteurs des instruments de travail, toute cette lamentable histoire des quatre journées est sortie de cette détestable rêverie. Mais nous avons je crois suffisamment démontré que faire de l'État le grand producteur, le grand industriel, c'est tuer la liberté et prendre pour raison d'État la nécessité d'une concurrence gouvernementale qui lutte jusqu'à l'extermination contre l'industrie privée ; nous avons également prouvé que l'égalité est en péril dans un système pareil, parce que l'égalité de salaire fait disparaître l'inégalité des efforts et des intelligences qui est la loi du travail, de la liberté et de la justice.

Cependant le socialisme avait prôné cette constitution des ateliers nationaux, c'était le salut de la société, le problème du salariat avait trouvé sa solution, désormais l'industrie ne serait plus abandonnée au régime de la concurrence, enfin la vie de tout ouvrier était garantie par le travail. Promesses imprudentes dans l'état actuel de la société française, promesses criminelles parce que, faites au peuple en armes, le peuple devait venir en armes en demander l'exécution et qu'elles étaient ainsi en gestation d'une guerre civile inévitable, sophismes cruels ! comme si l'État pouvait absorber toutes les libertés individuelles, toutes les initiatives et avoir un autre rôle que celui de règlementer la volonté générale dans le droit positif et de sauvegarder les associations volontaires par des règlements de police !

Mais enfin il était donné à la France d'essayer l'application de l'utopie, et de donner à l'Europe l'exemple de sa sanglante expérience.

Le dernier préjugé, le plus funeste peut-être, celui autour duquel tous les écrivains socialistes se groupent avec un aveuglement criminel est celui de la fraternité.

La fraternité est un sentiment qui tendrait à détruire

la divergence d'opinions, le combat des idées, l'opposition des passions, l'antagonisme des intérêts et la concurrence économique. Cette pernicieuse et fatale théorie est vantée partout, on en a écrit la formule sur tous nos monuments publics, et le gouvernement lui-même, s'est chargé de son enseignement en déclarant la guerre à l'antagonisme. Voici ce que M. Louis Blanc disait aux délégués, réunis dans l'ancienne chambre des pairs, le 17 mars :

« Remarquez bien que je ne vous parle pas comme le représentant exclusif d'une faction ou même d'une classe. Non : le progrès n'existe pour moi qu'à la condition de profiter à tous, à tous sans exception. Le progrès pour moi, c'est la solidarité reconnue, réalisée de tous les intérêts. Savez-vous pourquoi j'ai déclaré dans mon cœur une guerre à mort au principe *de l'antagonisme?* ce n'est pas seulement parce qu'il fait le malheur de l'ouvrier, c'est aussi parce que bien souvent il fait le malheur du patron : c'est parce qu'il déplace la tyrannie quand il ne la rend point permanente. Or, de quelque part qu'elle vienne, la tyrannie est odieuse. » (Voyez le *Moniteur* du 19 mars 1848.)

M. Louis Blanc ne veut pas d'antagonisme, c'est-à-dire, qu'il ambitionne d'avoir sous sa main un corps social sans vie, pour lui infuser les édulcorantes béatitudes de son organisation de la fraternité ; pour philosopher, M. Louis Blanc a besoin du vide, pour régner il lui faut des cadavres à conduire.

L'antagonisme c'est la vie universelle, c'est la condition de l'existence de l'homme au milieu des éléments qui le dévorent, et voici comment Raspail dépeint cette lutte de l'homme, dans son *Histoire de la santé et de la maladie* :

« Notre vie est un combat continuel contre les élé-
« ments et contre des ennemis qui convoitent nos dé-
« pouilles. Aujourd'hui vainqueurs, demain vaincus,
« les végétaux et les animaux ne meurent presque ja-
« mais de leur mort naturelle ; ils ne finissent pas,
« ils succombent. »

La loi de la vie de l'homme est donc l'antagonisme, et le système solaire lui-même, n'accomplit ses phases éternelles, qu'à la condition de l'antagonisme planétaire. M. Louis Blanc a donc propagé une idée contraire à ce principe de la vie universelle ; sans faire la synthèse de l'humanité, il a réduit la société à tourner dans un sentiment unique, qui en aurait bientôt déterminé l'asphyxie, et en ferait l'image du vide et de la mort. Croyant organiser le travailleur il lui a coupé les mains, croyant détruire les âpres ardeurs des mauvaises passions il a arraché le cœur de la poitrine de l'homme, puis il lui a dit : Travaille au nom de la fraternité, plus de concurrence, plus d'antagonisme, ton salaire est assuré, tes enfants seront nourris et instruits par l'État.

Mais, répondrait l'homme :

Puis-je travailler, je n'ai plus d'amour, je ne sens

plus l'ardeur de la lutte embraser mon courage et me lancer sur les réalités antérieures que je dois transformer, l'humanité ne m'opprime plus, et je ne cherche plus à combattre, à égaler son oppression; tout est un dans la vie, et une lamentable uniformité s'est faite partout, chez les hommes et dans mon cœur; la nature elle-même, nous offre le douloureux spectacle de l'ennui universel, et les éléments se fatiguent de leur repos. Otez-nous la fraternité, c'est-à-dire l'uniformité, rendez-nous l'antagonisme des intérêts, l'opposition des idées, le drame de la pensée, l'homme n'est-il pas fait pour vivre, se mouvoir, travailler et conquérir.

Voilà le reproche qui s'élèverait d'un pôle à l'autre contre le système de M. Louis Blanc, s'il parvenait à s'emparer du gouvernement des destinées du monde. Mais qu'on ne le redoute pas, il y a dans la marche de l'humanité, une inflexibilité que ne peut compromettre une utopie, et jamais les sociétés ne constitueront leurs institutions sur une autre donnée que celle de l'antagonisme universel. L'œuvre de l'homme est la réalisation de l'œuvre de Dieu et les sociétés, qui sont la plus éclatante manifestation de la divinité, ne pourraient être organisées sur un autre cadre que celui de la contradiction, quand on voit la constitution moléculaire, la pénétration chimique des éléments, les développements successifs de la vie, et le calcul des forces qui régissent les corps, donner raison à l'antagonisme et en fournir l'application la plus belle et la plus variée? Non! qu'on ne l'oublie pas, Dieu, partout le même, partout immense, n'a pu faire sortir les mondes et les sociétés du néant primitif, qu'en établissant une contradiction, un antagonisme, dont il est et sera toujours l'éternelle synthèse.

Ainsi maintenant, disons-le, le socialisme a détruit les trois termes de la formule qu'il avait arborée! En spéculant sur l'organisation du travail, il anéantit *la liberté*, en faisant de l'État le grand producteur, le grand banquier, par la conception des ateliers nationaux et des banques nationales, il fait disparaître *l'égalité*, en détruisant l'antagonisme, il détruit également *la fraternité*, car la fraternité ne peut être que *réciprocité;* or, comment concevoir la réciprocité sans l'opposition des intérêts.

L'héroïque devise dont parle M. Louis Blanc est donc arrachée par les mains du socialisme, communiste lui-même, et elle ne peut être remplacée que par l'antique drapeau du despotisme, que le législateur d'Icarie redresse comme étant l'oriflamme de la liberté nouvelle!

En effet, qu'on ne s'y trompe pas : au-dessus de l'égalité désespérante des citoyens et de leurs fonctions, il faut qu'il y ait quelque chose d'énergique qui plane et qui tienne dans ses mains assez d'initiative de puissance pour combattre les rébellions de la propriété et les fantaisies de l'individualisme si elles venaient à troubler l'harmonie icarienne ; il faut de plus que ce quelque chose, que ce principe, que cet homme, ait le pouvoir et le droit de créer le type de l'égalité, la mesure universelle de l'individualité unique ! pouvoir immense ! dont l'application et l'usage amènent des abus détestables ! pouvoir sacrilége ! dont l'origine et les limites ne trouvent leur justification que dans la fatalité du principe communiste ! pouvoir odieux ! dont le rôle est de briser sur son passage les personnalités superbes et pleines encore du souvenir de nos libertés.

Cependant il faut établir ce pouvoir, il faut lui donner une forme, il faut assurer sa perpétuité. Comment l'établira-t-on et quelle sera sa forme ?

Mais, disent les communistes, nous avons l'élection, le suffrage universel par lequel nous espérons bien réaliser l'égalité effective, car nous n'avons poussé la France aveuglée dans la réforme électorale que pour atteindre le but secret et obscur qui ne peut nous manquer maintenant, constituons donc le pouvoir par le suffrage universel ?

Oui ceci est bien vrai ! le suffrage universel a été la plus mortelle atteinte portée au règne de la caste propriétaire, et les Brahmanes du capital ont ouvert les portes du temple aux Soûdras du travail, mais il faut aussi le reconnaître, le suffrage universel n'est pas réalisable sous le régime d'égalité communautaire, et s'il était appliqué, il ne produirait que la prépondérance personnelle d'un homme, que la consécration de la suprématie d'un despotisme odieux, et loin d'avoir démocratisé le principe gouvernemental, on l'aurait mis aussi haut que l'était la puissance des terribles et superbes Pharaons, *grands mangeurs d'hommes.*

Mais, qu'est-ce donc que ce suffrage universel, cette arme terrible qui a servi à ruiner la monarchie et dont les soldats de l'émeute n'ont pas la puissance de faire usage, arme mystérieuse dont les champions de la propriété et les héros de la communauté n'ont pas le secret ?

Le suffrage universel ne peut être que la série de toutes les personnalités, de toutes les inégalités productives ; le suffrage universel n'est puissant, n'est révolutionnaire que parce que sa variété, sa multiplicité différente donne un produit Un : là est sa force. Le travailleur qui va produire, et le travailleur qui a conquis la possession d'un capital par son travail et son économie, tous deux des deux, extrémités de la vie industrielle, des deux inégalités de la fortune s'unissent dans le même choix, dans la même pensée, et confient à la conscience de l'élu, les espérances de l'un et le sentiment de l'expérience de l'autre. Voilà l'énergique puissance du suffrage universel. Cette puissance, il faut le répéter, ne vient que du concours des inégalités sociales qui se sont rapprochées à ce point qu'il est permis de dire que le suffrage universel n'est que *l'union des inégaux.*

Mais, là où il n'y a ni propriété ni différence entre

les citoyens; là où l'égalité est allée jusqu'à s'emparer du génie de l'homme le suffrage universel ne peut exister comme moyen de constituer une représentation qui est le gouvernement de la multiplicité.

En effet, une représentation nationale est une série d'inégalités qui se divisent en groupes entre lesquels l'antagonisme excite bientôt ses ardeurs.

L'antagonisme est le phénomène de la lutte des inégalités et de la vie parlementaire, dont les orages ont leur foudre qui éclaire les questions de l'avenir. Dans un milieu social égalitaire, l'antagonisme ne peut exister; et la chambre, frappée de l'impuissance d'un antagonisme intérieur, n'est plus que la série des égalités; c'est-à-dire que 500 représentants seront comme un seul, la représentation nationale se résumera dans un *citoyen*, dans un *monarque*.

Le suffrage universel égalitaire aboutit donc à nommer un roi, absolu, parce qu'il décrète sa volonté sans contrôle, et despote, parce que ses décrets, qui n'ont qu'un but, celui de l'égalité de tous, sacrifie l'homme comme individu, comme volonté et génie individuels.

Un despote! Voilà le chef du gouvernement que nous amènerait l'organisation égalitaire; qu'aurions-nous donc gagné à chasser du trône le roi de la propriété pour le remplacer par la pire espèce des despotismes, le despotisme des principes de l'égalité, et n'aurions-nous pas à regretter le régime de l'individualisme qui, au sein de son anarchie, donne cependant satisfaction à quelques-unes de nos libertés, à certains de nos besoins !

Que les communistes cessent de l'espérer : l'organisation égalitaire est impuissante à fonder les belles institutions républicaines que nous attendons, car la seule forme de gouvernement que leur théorie puisse réaliser, la seule même qu'elle puisse accepter, est une monarchie *absolue despotique*.

Avec elle, l'égalité pourrait régner, parce que l'égalité est l'assassinat de la personnalité humaine, mais les nègres sont tous égaux aussi, car leur propriétaire est un maître dont la main inflexible, ensanglantée parfois, sait bien maintenir cette égalité de l'esclavage, ce nivellement monstrueux qui est le rêve des communistes.

Le chef du gouvernement égalitaire sera donc un monarque, un chef terrible qui n'aura pas recours à la stérile opération du suffrage universel, mais qui s'imposera par la force ou l'audace ; il ne consultera pas le peuple, il l'opprimera, l'abaissera jusqu'à l'égalité vantée ; puis, pour se maintenir, il fera ce que l'inflexible De Maistre conseillait aux rois de la Restauration ; le bourreau sera son premier ministre ; à cette condition seule son autorité aura des chances de se perpétuer !

Ainsi, flatteurs détestables des appétits et des convoitises du peuple, — philosophes insensés qui entraînez les ignorants et les esclaves du travail dans votre

Académie où vous leur enseignez votre philosophie égalitaire, ayez au moins le courage de tout dire et soyez logiques.

Dites-leur que dans votre société égalitaire il ne faut espérer ni charte, ni constitution; dites-leur que la République y est impossible, qu'elle serait une anarchie, et qu'un despote imposé par la force aura des licteurs pour abattre les têtes qui commettraient le crime de se tourner vers la Liberté; dites-leur enfin que Néron ne pourrait donner une idée de ce que sera le despote égalitaire, car Néron était un homme encore, assassinant sa mère, mais craintif en présence de Burrhus; tandis que le despote d'Icarie sera un principe, une formule, sans entrailles, sans tressaillements, sans retour vers l'humanité.

Quoi! vous hésitez? vous n'avez pas la force d'avouer ce qui est au fond de votre théorie, vous en parez l'extérieur de promesses superbes, de dogmes irrésistibles; vous faites donc comme ces docteurs à qui Jésus disait : Hypocrites Pharisiens : *vous nettoyez le dehors du vase et vous laissez l'intérieur plein de souillure! Ah! infâmes, vos idées ne sont que des sépulcres blanchis qui paraissent beaux au dehors, mais qui ne contiennent que des ossements de morts.* Allons laissez la place à la vérité, laissez le peuple regarder au fond de vos sépulcres, qu'il en juge la pourriture et l'horreur et qu'indigné ensuite, il vous fouette de ridicule et de mépris!!!

Oui, il faut le répéter, il faut que tous l'apprennent l'organisation égalitaire étouffant la liberté, l'égalité et la fraternité ne peut se perpétuer que par un despotisme dont l'histoire n'offre pas encore d'exemple, car le chef du gouvernement est le bourreau.

L'ÉGALITÉ

NE PEUT SE PERPÉTUER QUE PAR L'ASSASSINAT.

Après avoir asservi l'homme pour réaliser l'égalité, le Communisme est obligé de l'assassiner pour la maintenir.

En effet, la ration égalitaire est déterminée, suivant M. Cabet, par le nombre de citoyens habitant la commune, et la quantité de cette ration doit varier avec la population. Mais, dans une pareille société, la population doit tendre singulièrement à se développer. On comprend, en effet, que dans une organisation basée sur les lois de la propriété et de la succession, le sentiment de la difficulté d'élever une nombreuse famille et la crainte de voir les enfants déchoir dans la fortune paternelle préviennent des mariages précoces ou servent de contrainte morale à la production des enfants : mais quand aucune préocupation de ce genre ne trouble les premières ardeurs des unions précoces, quand le bagage de la paternité ne vient même pas plus tard démontrer l'immoralité d'une trop grande promiscuité, la population doit croître rapidement et amener la diminution progressive de la ration jusqu'au dernier terme du besoin et de l'indigence?

Quel serait le moyen de prévenir un tel danger? Une loi répressive de la promiscuité? mais tous les citoyens étant égaux et placés dans les mêmes circonstances on ne saurait comprendre pourquoi un individu se croirait obligé à la pratique d'un devoir qui ne serait pas observé par tous, et d'ailleurs, qui ferait exécuter cette loi, quelle serait sa pénalité et ses moyens préventifs?

L'imagination la plus fertile ne pouvait certes inventer un expédient plus naturel, plus conforme à la justice, que celui de rendre chaque individu responsable de l'entretien de sa famille, et des charges qu'impose l'éducation des enfants. Mais, en communauté, comme les embarras et les inconvénients de la famille pèsent sur la communauté et tendent à diminuer la ration égalitaire, comme l'espèce enfin est passible des égarements de l'individu et absorbe les inquiétudes qui sont le partage du père de famille, il faut trouver en dehors de *l'irresponsabilité personnelle* un moyen qui prévienne la famine et limite la population à la quantité de choses produites et consommables.

Les anciens philosophes avaient prévu cet écueil du

régime égalitaire, et Platon, dans l'organisation *de sa République*, n'hésite pas à présenter l'infanticide comme un moyen d'arrêter le mouvement de la population.

Ainsi, d'après ce philosophe, le magistrat doit déterminer le nombre des mariages et faire en sorte de proportionner le nombre des citoyens aux ressources de l'État.

Proportion difficile à garder dans un pays où toutes les existences sont respectées, où la solidarité établit une union magique, inflexible entre tous les citoyens, mais possible cependant quand le terrible magistrat de cette république est armé du droit d'*ensevelir dans quelque endroit obscur et ignoré les enfants mutilés et contrefaits*. Ce n'est pas tout : Platon voulait que l'on sacrifiât aussi tous les enfants issus d'une union accomplie en dehors de l'âge auquel il était permis d'aimer ; de sorte que ce cruel philosophe, pour maintenir et perpétuer son fantôme de l'*égalité*, recommandait l'assassinat des enfants et enchaînait la liberté de l'amour. Cependant Platon, en limitant les mariages, en déterminant l'âge pendant lequel il était permis d'avoir des enfants qui ne fussent pas la proie du bourreau, n'avait pas fixé le nombre des enfants légitimes, et leur nombre, pouvant et devant s'accroître d'une façon indéfinie, il devait en résulter des citoyens surnuméraires propriétaires attendant, dans l'esclavage et la famine, qu'une place de propriétaire devînt vacante. L'égalité des propriétés présentait donc ce spectacle monstrueux de citoyens égaux, les uns possédant et vivant, et les autres ne pouvant posséder et mourant de faim.

Ce résultat de l'accroissement de la population *légitime* fut aperçu par Aristote, qui accusait Platon d'inconséquence, d'établir l'égalité dans les propriétés sans limiter le nombre des propriétaires. Aristote, armé d'une sanglante ironie, reprochait au *divin* Platon de n'avoir pas assez étendu la nécessité sociale de l'assassinat, et d'avoir, par cette faute, constitué le privilége de la vie pour les enfants légitimes. Cette conséquence si juste entraînait donc le magistrat platonien à comprendre dans sa théorie du meurtre tous les enfants indistinctement, et, du temps d'Aristote, cette idée était tellement admise et reçue, qu'un certain Phaléas, de Chalcédoine, écrivait avec un sang-froid tout philosophique, ce prodrome du salut de toutes les républiques égalitaires passées et à venir.

« Si les enfants se multiplient au delà des moyens « qu'on a de pourvoir à leur entretien, la loi de l'é- « galité sera enfreinte et plusieurs familles passeront « subitement de l'opulence à la misère : révolution « toujours dangereuse pour la tranquillité publique. »

Ainsi la tranquillité d'une république égalitaire a besoin de l'assassinat des enfants? Que ce langage de Phaléas ne vous indigne pas trop ; car ne dit-on pas de nos jours que le trop plein de la population est cause de la stagnation du commerce, et qu'il faudrait une guerre européenne pour rétablir l'équilibre. M. Duvergier de Hauranne, le spirituel et aveugle défenseur des théories économiques, ne disait rien autre chose à la chambre des Représentants lorsqu'il terminait ainsi son discours prononcé dans la séance du mercredi 18 septembre, *Moniteur*, page 2420 :

« Il y a dans toute société deux termes, la population et le capital, dont le rapport exprime exactement le degré d'aisance auquel cette société est parvenue. Quand le capital croît plus vite que la population, il y a aisance; quand la population croît plus vite que le capital, il y a misère. Ainsi si vous voulez améliorer le sort des pauvres, développez le capital, encouragez-le, au lieu de l'injurier. »

M. Duvergier de Hauranne n'a fait là que prononcer l'oraison funèbre de l'économie politique ! ! science épouvantable qui dit aux hommes : Ne venez pas trop vite, ne vous pressez pas trop au festin, sans cela vous y resterez affamés ? Patientez, craignez d'éveiller la peur si inquiète du capital. *Ce Roi* dort dans son palais, attendez son grand lever pour travailler, pour manger. Quoi ! vous gémissez pour avoir du pain, vous vous irritez ! vos clameurs arrivent jusqu'à lui, mourez de faim ! c'est le sort de l'humanité. Ou bien dévorez-vous les uns les autres, imprudents qui ne savez pas que la population, c'est-à-dire la vie, doit être limitée par le nombre et le chiffre du capital ! La science économique a démontré que la population croît selon une progression géométrique, et les subsistances suivant une progression arithmétique! Que voulez-vous? il faut choisir, mourir, ou bien être les esclaves du capital. Et si un jour il plaît au capital de se retirer, le suicide est là, c'est la loi dernière de la vie! Dieu n'a donné à l'homme le génie, le travail, les machines, le monde enfin, que pour en faire des instruments de suicide ou d'assassinat.

Voilà le langage de M. Duvergier de Hauranne.

Le préjugé propriétaire est donc aussi malthusien que la communauté.

Au-dessous de la formule sociale de MM. Cabet, Louis Blanc et Pecqueur, on peut écrire ces éloquentes et sauvages paroles que l'économiste anglais avait insérées dans la première édition de son beau livre sur la Population :

« *Un homme qui naît dans un monde déjà occupé,* « *si sa famille n'a pas le moyen de le nourrir, ou si* « *la société n'a pas besoin de son travail, cet homme,* « *dis-je, n'a pas le moindre droit à réclamer une* « *portion quelconque de nourriture : il est réelle-* « *ment de trop sur la terre. Au grand banquet de la* « *nature il n'y a point de couvert mis pour lui. La* « *nature lui commande de s'en aller, et ne tardera* « *pas à mettre elle-même cet ordre à exécution.* »

La communauté a-t-elle le moyen de nourrir un homme qui naît au milieu d'hommes qui se sont partagé également tous les produits? La société a-t-elle besoin du travail d'un homme, quand les limites de la consommation ont atteint celles de la production ? La société peut-elle même ne pas redouter cette naissance qui vient diminuer la ration égalitaire ? Et si les limites de la diminution de cette ration sont atteintes, la société laissera-t-elle ce nouveau venu s'asseoir au grand banquet de la nature ? Évidemment, non ! s'il y a égalité dans la consommation, ce n'est pas l'égalité de la famine et de la détresse, c'est une égalité positive pour le salut de laquelle il y a nécessité d'en arriver au moyen présenté par Platon, et d'ensevelir dans quelque endroit obscur et ignoré toutes les bouches qui réduiraient la ration égalitaire jusqu'aux limites du besoin.

L'industrie nationale ne laisse rien à faire à l'industrie privée : c'est l'espèce assassinant l'individu.

La grande propriété communautaire a envahi la propriété individuelle : c'est l'espèce assassinant l'individu.

Le commerce n'est plus qu'un échange direct de produits sans mesure, sans numération des valeurs échangées : c'est l'espèce assassinant l'individu.

La quantité de la production et de la consommation ne peut plus être déterminée par l'appétit individuel, mais par le nombre de citoyens prenant part à la ration : c'est l'espèce assassinant l'individu.

Vous qui arrivez trop tard, vous dont le travail est inutile, *Allez-vous-en !* Vous êtes de trop sur la terre : au soleil de la République de *la liberté*, de *l'égalité* et de *la fraternité*, il n'y a pas de place pour vous! Quoi! vous hésitez, malheureux! Quoi! vous appelez le sein de votre mère! bientôt vous aurez faim de nos mets! vous serez avide de nos jouissances, créature anarchique! Bourreau, sauve l'égalité et étrangle cet enfant qui vient troubler notre ordre social et mettre en péril la *tranquillité publique*, ainsi que le disait Phaléas de Chalcédoine!

Quand nous sommes assis au banquet de la fraternité, quand nous sommes repus de la ration égalitaire, personne n'a le droit de venir prendre place au festin, si ce n'est quand la mort laissera notre place vide. Allons, prépare la corde; vous, Procureur de la République, faites un réquisitoire au nom de la conservation de l'ordre égalitaire; et vous, gendarmes, faites creuser la tombe dans l'endroit ignoré que recommande Platon. Que cette exécution ait les formes solennelles de la justice et qu'elle soit un exemple pour les hommes assez ennemis de l'ordre social pour se livrer à l'amour, et pour les mères assez mauvaises citoyennes pour recevoir leurs caresses!

Voilà ce qui se dirait tous les jours au sein de la société égalitaire.

Et vous, apôtres du communisme, vous qui poussez le peuple dans cette abominable rêverie de l'égalité, oserez-vous encore dire que l'égalité est dans l'Évangile et que vous prêchez le christianisme purgé de catholicisme? Oserez-vous encore dire que le Christ est avec vous, vous qui êtes de la race de cet Hérode assassinant les nouveau-nés pour ensevelir dans leurs funérailles ce divin enfant qui devait mettre en péril son despotisme?

Blasphème odieux! Le Christ, en nous révélant la personnalité humaine, nous a appris que l'existence d'un enfant était aussi précieuse aux yeux de Dieu que celle du plus grand philosophe, du riche le plus superbe, car c'est lui qui disait : « *J'ai mis la louange dans la bouche des enfants et de ceux qui sont à la mamelle.* » Et c'est en son nom que vous dressez la théorie de l'assassinat de l'enfant, du juste par excellence, que vous présentez le bourreau comme étant son grand-prêtre!

N'est-ce pas lui qui a appris au monde que nous étions tous frères, et qu'au banquet de la nature nous avions tous droit? N'est-ce pas lui qui a dit aux communistes de son temps ;

« Que sur vous retombe le sang du juste, depuis le sang d'Abel jusqu'au sang de Zacharie, fils de Barachie, que vous avez tué entre le temple et l'autel. »

« Ah! malheur à vous, Scribes et Pharisiens hypo-
« crites, parce que vous courez les mers et la terre
« pour faire un prosélyte; et quand il l'est devenu,
« vous en faites un fils de la Géhenne deux fois plus
« que vous. »

Oui, malheur à vous! Contentez-vous d'adorer les erreurs infanticides de Platon, de Phaléas et de l'Anglais Wallace; allez même, si vous voulez, jusqu'à partager l'opinion de Metellus-Numidicus, qui voulait que les hommes se passassent de femmes entr'eux pour ne pas avoir d'enfants ; avouez franchement votre amour pour l'infanticide et la sodomie ; proclamez une théorie de l'avortement égalitaire,

Quæ steriles facit atque homines in ventre necandos conducit.

Enfin, soyez franchement assassins et infâmes, mais n'allez pas au nom du Christ, au nom de la liberté et de la fraternité, appeler les jeunes esprits et les vierges convictions du pays dans votre bouge icarien, où vous châtrez les hommes, et où vous étranglez les enfants pour maintenir votre égalité !

AXIOME.

Tout ce livre peut se résumer dans une formule que voici :

Plus l'homme se développe, moins il est propre à vivre en communauté.

Mais, dira-t-on, qu'entendez-vous par communauté? J'entends aussi bien le régime icarien que le système industriel de M. Louis Blanc, car dans une société telle que la présentait ce socialiste à la commission des Travailleurs dans la séance du 20 mars dernier, la détermination de la valeur économique devant avoir lieu par l'État, la personnalité humaine est anéantie par ce maximum fatal, et l'Icarie est le dernier refuge. Ce que M. Louis Blanc n'a jamais pensé peut-être, c'est que valeur économique et propriété sont synonymes de liberté, et qu'en touchant à leur indépendance, on tombe nécessairement dans la communauté.

Voici ce passage pris dans le *Moniteur*, n° 85 :

« Je répète que le prix de revient dans chaque in-

« dustrie sera *déterminé*. La garantie du commerçant « sera *le tarif*. Ce ne sera plus la concurrence qui « fixera le prix, ce sera *la prévoyance de l'État*. « Nous remplaçons le gouvernement du hasard par « celui de la science. »

Dites du despotisme ; car cette prévoyance de l'État mène au maximum, *la chose la plus bafouée des temps passés*, comme disait M. Thiers, dans son discours sur le *Droit au travail*. M. Cabet et M. Louis Blanc spéculent donc tous deux au nom du communisme, aussi est-ce à leurs théories que notre formule s'adresse.

Cet axiome ruine les espérances de nombreux adeptes, à qui on a fait entrevoir l'établissement prochain du régime communautaire et du système industriel basé sur la haine de *l'émulation de l'individualisme* ; qu'importe, j'ai cette profonde et énergique conviction que l'humanité tourne le dos aux Icara de Tching-Tang, de Chanaan, de Topobrane et d'Océana, et que plus l'homme marche dans le temps et entre dans le régime de la propriété, plus il s'éloigne des tentes de la peuplade où le convient les socialistes.

L'erreur des communistes consiste à nier le progrès : en effet, après avoir abandonné la communauté primitive, l'homme est entré dans la phase de la propriété, et maintenant, suivant le socialisme icarien, il devrait renoncer à ces institutions pour reprendre celles de la communauté. Que ferait-il ensuite ? resterait-il communautaire pour l'éternité? alors la société, immobile et pétrifiée sur place, ne ferait plus ni mouvement ni progrès.

L'homme, au contraire, sortirait-il de cette seconde période communautaire? alors ce ne serait que pour faire refleurir les institutions propriétaires, comme au beau temps d'Ulpien et de Justinien, de sorte que la philosophie de l'histoire pourrait se résumer, pour tous les siècles, à décrire la double et éternelle évolution de la meule communautaire et de la meule propriétaire.

Triste humanité! enfermée dans les ténèbres de deux civilisations, dont elle prendrait successivement et fatalement le chemin, ne pourrait-elle s'écrier comme le Prophète : *In tenebrosis collocavit me quasi mortuos sempiternos.*

Non, Dieu n'a pas enseveli l'humanité vivante dans un tombeau sans issue; non, il ne l'a pas condamnée à réchauffer les civilisations mortes et refroidies depuis longtemps, mais il lui a commandé de continuer son œuvre divine, de l'amener, par le travail, jusqu'aux confins du possible; et pour cela, il lui a donné l'espace pour se développer à l'infini et le temps pour accomplir sa mission.

Les communistes spéculent donc sur un blasphème; bien plus, ils théorisent sur l'athéisme.

Réduire l'humanité à une égalité numérique et mensongère, limiter Dieu dans ses œuvres et sa pensée, c'est nier Dieu, car c'est lui donner pour attributs la matière, qui n'est qu'un mode fugitif de l'étendue, et le nombre, qui n'est qu'un des attributs de la matière ; c'est dire, comme le matérialiste Straton de Lampsaque : *Omnem vim divinam in natura sitam esse.*

Allons, athées de la philosophie sociale,

Que voulez-vous ?

Réaliser votre système ? Qui donc songera jamais à faire des législateurs d'Épicure et de Démocrite ? Qui donc voudra remplacer l'homme, tel qu'il existe aujourd'hui avec son originalité et son génie, par les automates de Vaucanson ou de Coppelius ?

Ensanglanter encore la patrie ?

Espoir abominable, car si les phalanges communistes venaient à triompher des phalanges propriétaires, oui, je le jure au nom du Christ, au nom des révolutions de nos pères, elles auraient pitié de l'horrible caricature de l'égalité que leur offre votre Icarie, et demanderaient à la propriété la solution du problème social, après vous avoir abandonnés aux remords de vos sanglantes et infertiles excitations.

LE MAXIMUM ET ÉPICURE.

Jusqu'à présent nous n'avons pas examiné quel serait pour l'homme le résultat de la morale communiste. Nous ne pouvons cependant pas terminer cette critique sans montrer les tendances de ce socialisme qui se résume dans la philosophie icarienne, car la morale doit être à la fois la fin et le commencement d'une organisation sociale.

Le socialisme s'est produit dans le monde comme contradiction de la morale chrétienne ; quels principes veut-il donc lui substituer ?

Les Saint-Simoniens, M. Cabet, M. Louis Blanc, n'ont pas donné une définition précise des devoirs et du culte qui doit enchaîner les hommes autour des principes éternels de la *vertu*, cette force qui domine la fatalité, la passion. Partout ces législateurs de l'utopie révèlent à l'individu ses droits contre la société ; ils lui apprennent le vocabulaire du sophisme social ; ils l'entraînent dans cette logique criminelle où toutes les propositions, tous les axiomes sont autant d'appels à la satisfaction des besoins les plus immédiats et des jouissances les plus subtiles ; mais ils ne lui disent pas quels sont ses devoirs envers la société, envers lui-même, et il semble que le monde ne doive plus être qu'un immense triclinium dans lequel la société remplit les fonctions d'une infatigable Hébé au milieu des parfums, de la joie et de la satiété de tous.

Mais qu'est-ce donc pour l'homme que cette théorie des jouissances, que cette philosophique satisfaction de tous ses appétits, que cet appel à de nouveaux désirs, que cette divinisation de la mollesse, de la prostitution et de la gourmandise ? N'est-ce pas l'enchaîner à ce qu'il y a de brutal et d'irréfléchi dans les passions ? N'est-ce pas tuer tout idéal et lui dire au début de sa vie : Jouis et ne respecte rien : l'abstinence est une duperie, la pudeur un préjugé, la morale n'est que la satiété, et abandonne le soin de te diriger à tes sens triomphants !!

Ah ! le christianisme, que la théorie communautaire a la prétention de laisser loin derrière elle, donne à l'enfant qui se fait homme d'autres paroles à méditer : Abstiens-toi, lui dit-il, idéalise la bête en toi et respecte ce qui est éternel et beau. Jeune homme, rappelle-toi que la chasteté est l'idéal de l'amour ; travailleur, n'oublie jamais que l'art est l'idéal du travail ; homme, apprends que la paternité est le but divin de l'amour. Oui, voilà ce que le christianisme enseigne, et la philosophie moderne a eu la mission d'apprendre à l'homme que, dompté par le travail, spiritualisé par l'amour, il avait le droit d'être libre, d'abattre toutes les antiques tyrannies, et d'écrire ce grand mot de *vertu* sur la constitution de sa pudique et fière liberté.

Mais le socialisme n'a qu'un mot à inscrire en tête de son organisation : c'est celui de *fatalité*, sous lequel l'homme se courbe comme un esclave déshonoré et maudit. Son travail servile ne produit qu'une industrie commune et désolée qui s'éloigne de plus en plus de l'art; son amour, de convoitises assouvies en convoises assouvies, marche au dégoût et n'est bientôt plus qu'un désir fugitif répugnant aussitôt que satisfait: la matière envahit tout, l'idéal s'enfuit et la brute règne en souveraine.

Est-ce donc à de pareils sauvages qu'il faut promettre la liberté? Est-ce avec de tels hommes que l'on peut fonder le gouvernement de la justice? Et cependant il le faut bien!

Les adeptes ont droit non-seulement à la *ration maximum* ou à la *ration proportionnée à leur faim*, ils ont droit aussi au gouvernement républicain, au secours mutuel, à l'assurance individuelle, à l'organisation du travail, à l'abondance progressive, à tout ce qui flatte les sens, diminue les inquiétudes et garantit la jouissance.

Allons, législateurs, à l'œuvre! L'humanité attend votre grandiose conception, le Christ lui-même se voilera la face, si vous pouvez arracher du monde la souffrance, la misère, cette plante éternelle qui croît sur les rives du bonheur, du plaisir et de la joie.

Que faites-vous? vous dressez une table commune, vous la chargez de fruits, de vins délicieux, vous dénouez les ceintures virginales de nos filles, les chants éclatent, l'ivresse pétille, mais où est la chasteté? et ces mets, ces parfums, ces étoffes, ces vases, à qui sont-ils? qui les a produits? où est donc la justice? Quoi! je ne vois rien qui commande et limite!

Mais votre société n'est qu'une orgie, et de chaque citoyen on peut dire :

De Epicuri grege porcus!

Ah! votre organisation sociale n'inspire que le dégoût et l'horreur!

Non, sa réalisation ne sera pas même essayée! Fénelon, sainte Thérèse et saint Vincent de Paul nous ont appris que la *vertu* doit être l'idéal du travail et de l'amour, et qu'il n'y a pas de liberté sans vertu! Leurs sublimes leçons ne sont pas encore oubliées, et l'homme ne consentira jamais à relever les autels de cette Vénus Genetyllide, au pied desquels les Romains corrompus dressaient leurs couches adultères en oubliant, impurs et oisifs, de défendre leur patrie menacée et envahie.

LA COMMUNAUTÉ

EST-ELLE ENTIÈREMENT NÉGATIVE?

Troisième forme sociale.

Il est temps de s'arrêter au milieu des ruines de la communauté, et de se demander s'il n'y a rien de réel et de positif dans cette forme sociale qui fut l'*âge d'or* des poëtes, et qu'Hésiode vanta comme réalisant les belles maximes de la justice éternelle.

Si le monde, ainsi que l'a dit un grand philosophe, est une fleur procédant éternellement d'un germe unique qui n'est autre chose que la pensée divine, absolue, universelle, il faut reconnaître qu'au milieu du déploiement de la communauté primitive, on doit rencontrer des principes dont la destination appartient à l'avenir de l'humanité.

Les adversaires de la communauté n'ont jamais songé à tirer cette conséquence de l'impossibilité même de l'application actuelle du système icarien, et tous ont fait du communisme une inspection purement négative. — *Société paresseuse, société esclave,* — disait M. Thiers, le 14 septembre, à la Chambre des Représentants, — *le communisme n'est pas un adversaire sérieux.*

Cette critique est parfaitement juste, mais elle ne voit rien au delà de la superficialité des faits et ne sait pas découvrir, dans la communauté primitive, le danger très-sérieux qu'elle renferme pour le dominium égoïste et oppressif, qui était l'idéal de la propriété féodale.

M. Thiers au reste partage une autre illusion : il professe le principe de l'*éternité* de la propriété, et le développait ainsi à la Chambre des Représentants :

« Ce droit n'est pas de ceux qui passent, de ceux « qui sont quelquefois admis dans une société, mé« connus dans une autre, non; c'est un droit telle« ment inhérent à la nature humaine, tellement es« sentiel à la société, qu'il est dans tous les états, « dans l'état sauvage, dans l'état barbare, dans « l'état de demi-civilisation, dans l'état de civilisation « complète; il est partout, parce qu'il est dans la « nature humaine : à ce titre, on peut dire qu'il est « divin. »

M. Thiers ne confondrait-il pas la propriété avec l'usage passager, avec la possession? et le domaine communautaire de l'Orient — avec le domaine personnel et exclusif de la propriété ancienne et moderne? La Chine et l'Égypte avaient-elles le dogme de la propriété ou de la possession?

Cependant, il faut l'avouer, de la possession, de l'usage, à la propriété, il n'y a qu'un pas, et le phénomène s'est accompli en donnant de la perpétuité à un fait fugitif, individuel. — Alors seulement a commencé l'exploitation de l'homme par l'homme, le servage, les prestations seigneuriales, abominable impôt perçu sur la dignité personnelle, les régales, la corvée, l'usure, cette terrible vengeance, comme l'appelle M. Thiers, les loyers, la propriété enfin.

Reconnaissons-le donc, la propriété n'a pas été de tout temps; produit d'une civilisation déjà avancée, elle doit désormais appartenir à toutes les sociétés, mais son existence et sa perpétuité tiennent à des modifications que nous ferons connaître.

La communauté cherche à réaliser deux choses : l'*égalité* et le *droit*. Au lieu d'en prendre les éléments dans la nature de l'homme, elle fait appel à l'autorité égalitaire, qui opprime et spolie : voilà son erreur. Nous allons démontrer que l'égalité et le droit, cet idéal faussement tenté par le communisme, doivent être les principes fondamentaux de la troisième forme sociale, et qu'ils sont appelés à régénérer le dogme de la propriété. Examinons-les successivement.

L'Égalité.

Le président de Hénaut, dans son *Histoire chronologique de France*, définit ainsi l'établissement de la noblesse :

« C'est sur la fin du XIIIe siècle, vers 1270, dans « le commencement du règne de Philippe-le-Hardi, « fils de saint Louis, que furent données les premières « lettres d'anoblissement. Auparavant, c'est-à-dire « sous la première et longtemps sous la seconde race « de nos rois, tous les citoyens de la France étaient « d'une condition égale, et il n'y avait entre eux de « différence que ce qu'en mettait l'autorité attachée à « la dignité dont plusieurs étaient revêtus. Cette éga- « lité, qui dura tant que les rois furent absolus, ne « fut troublée que par la révolte et la violence de *ceux* « *qui usurpèrent la propriété des seigneuries dont* « *ils ne devaient avoir qu'une jouissance viagère.* »

Ainsi lorsque, dans le langage féodal, s'établit cette maxime : *Nulle terre sans seigneur*, on put la traduire, avec le président de Hénaut : « Nulle terre qui n'ait été l'objet d'une usurpation violente, inique ; nulle terre dont le seigneur ne soit un voleur. » Et, néanmoins, pendant combien de siècles l'homme, victime d'une pareille spoliation, n'a-t-il pas été forcé, au nom de la justice, au nom de la morale, de faire à ce Jason moderne un acte de foi, un hommage, un aveu, un dénombrement, reconnaissance humiliante des cens, des rentes, des dîmes, des terrages et des corvées qu'il devait payer ! Que dis-je ? cette reconnaissance devait être présentée à genoux, elle était transcrite sur un parchemin armorié aux frais du tenancier, et le travailleur, confessant ainsi sa profonde inégalité sociale, exaltait l'élévation seigneuriale, élévation qui avait son origine dans une spoliation.

Peu de publicistes ont osé dire avec le président de Hénaut : *La noblesse c'est le vol,* mais ceux qui n'ont pas eu cette hardiesse sont allés, comme Hervé, se perdre dans les ombres de la Germanie, pour expliquer l'origine du fief, ou bien n'ont rien dit, témoin Henriquez dans son *Code des seigneurs.*

« Les nobles de race, dit cet auteur, sont ceux dont « les ancêtres ont toujours vécu noblement et dont on « ne connaît pas l'origine roturière. »

Vivre noblement, était-ce travailler ou usurper la propriété des seigneuries viagères ? Henriquez ne le dit pas, ceci est regrettable, car la noblesse conférait des droits si exceptionnels, qu'il aurait fallu en examiner la moralité première. Cet examen fut fait par la Révolution de 1789, mais après six siècles de soumission aveugle, à un droit que cachait son origine et s'enveloppait dans son ancienneté pour être inattaquable. La réalisation sociale et positive de la féodalité a été le fief ; là se trouvent toute sa théorie philosophique et les éléments du problème de l'égalité dont la première Constituante a donné une solution partielle.

« Le fief, dit Henriquez, est la concession gra-
« cieuse, libre, d'un héritage, d'un droit réel, avec
« translation du domaine utile, la propriété retenue
« par le concédant sous charge de fidélité, de service
« et de quelque droit. »

De combien de servitudes cette définition enveloppait-elle l'homme, et de quelles inégalités profondes sillonnait-elle la société!!! Qu'on en juge en parcourant cette liste des impôts les plus ordinaires mis sur la liberté du travail, au profit du propriétaire du domaine éminent.

1° Le cens, redevance due en reconnaissance du domaine éminent et proportionnée au véritable rapport de la chose ascensée. Ce n'était pas une reconnaissance honorifique, mais un prélèvement sur les produits, sur le travail, sur la *propriété* du censier, comme dirait M. Thiers;

2° Le champart, qui constituait au profit du seigneur le droit de prendre en nature une partie des fruits obtenus par le travail de son vassal;

3° Le terrage, droit de percevoir une certaine quantité des objets fabriqués avec les richesses minérales du sol;

4° Les corvées, qui permettaient au seigneur de s'approprier non-seulement le travail, mais le temps de l'homme;

5° Les banalités, qui empêchaient le travail de s'exercer librement et le forçaient à avoir recours à un instrument déterminé, dont l'usage n'avait lieu qu'à l'aide d'un impôt. Les banques nationales donneraient une idée assez exacte des banalités seigneuriales.

Nous en oublions encore, mais toutes ces humiliations de l'homme, toutes ces spoliations du travailleur s'exerçaient au nom de la propriété seigneuriale, dont l'origine remontait *à ces usurpateurs de la propriété des seigneuries qu'ils ne devaient posséder que viagèrement.* La société était ainsi divisée en deux classes, les exploitants et les exploités.

Les exploitants étaient les seigneurs, les propriétaires de la directe, les oisifs qui, plongés dans l'opulence des cours, dans les chétives préoccupations des intrigues de courtisans, les plaisirs improductifs de la chasse, ou les avilissantes fonctions d'une dignité attachée à la personne du monarque, venaient tous les ans prendre la part la plus sûre, la plus inflexible des fruits de la terre, des utilités industrielles, à la production desquels ils n'avaient aucunement coopéré.

Le hasard, la force, la naissance leur donnaient une qualité, un titre exceptionnel, qui ne se présumait chez personne, qui avait besoin d'une preuve matérielle, écrite, fatale, pour être acceptée, et, à l'aide de cette énormité qu'on appelait noblesse, seigneurie, propriété, fief dominant, fief suzerain et même fief en l'air, ils dépouillaient le travailleur. C'est cette condition féodale et oppressive du domaine seigneurial que M. Cousin désigne dans ce passage de son dernier livre sur la Justice et la Charité, page 34 :

« *Le principe du droit de propriété est le travail* « *sous la condition de l'occupation première*, » et que M. Troplong indique timidement dans son dernier livre sur la Propriété, page 126 ; « *La propriété est le prix du travail ajouté à l'occupation.* »

M. Cousin et M. Troplong ne sont donc pas plus avancés en droit que Dumoulin, qui soutenait avec énergie :

« Que les personnes nobles seules étaient capables « de tenir et de posséder héritages nobles, quoiqu'elles « ne vécussent pas noblement. »

Entre la propriété et l'homme se trouve, pour Dumoulin, la condition de la noblesse, et pour M. Cousin et M. Troplong, celle de l'occupation première ! des deux côtés, le travail est en vassalité !

Les exploités étaient les tenanciers, les fermiers, les usagers, les censiers, les travailleurs, les producteurs, les emprunteurs de domaine utile, tous ceux qui faisaient la richesse nationale, tous ceux qui créaient, échangeaient, tous ceux qui fournissaient à la société ses produits et sa consommation.

Telle était la société d'alors : elle présentait le douloureux spectacle de l'inégalité dans les personnes et de l'inégalité dans les moyens de vivre. Le tiers-État en fut frappé; mais il était propriétaire de droits seigneuriaux, acquéreur de redevances féodales, et voulant accomplir la révolution, en ménageant ses richesses, il abolit les droits qui tenaient à la servitude personnelle et déclara rachetables ceux qui enchaînaient la liberté du travail et de la propriété, comme si la première chose à faire n'était pas d'affranchir l'homme comme travailleur, comme industriel, comme artiste, comme possesseur!

La Convention, avec une vue plus nette de la véritable égalité, rendit, le 18 juillet 1793, le fameux décret qui supprimait, sans indemnité, tous les droits seigneuriaux et féodaux, à l'exception des rentes purement foncières, exception à jamais regrettable, car elle eut pour effet de conserver des vestiges de cette saisie féodale, qui permettait au seigneur de s'emparer des fruits de son vassal et de perpétuer la distinction du domaine de propriété et du domaine de possession. La propriété se couvrit alors de toutes les exigences du fief, et augmenta chaque jour ses prétentions et ses tyrannies; le tiers-État se fit marquis et eut pour généalogie *l'occupation première*. M. Victor Cousin vient de se constituer son d'Hosier.

Un homme entrant dans la société, qu'aurait-il dit? le travail est la source unique de la propriété : j'ai de l'ardeur, de l'énergie, je vais produire des utilités industrielles et devenir propriétaire de toute leur valeur en échangeant mes services. Quoi! vous! ancien seigneur, au nom d'une rente foncière réservée, vous venez prendre le dixième de mes fruits; mais d'où vous vient ce droit? est-il un produit de votre travail? non! le président de Hénaut m'apprend que vous en avez usurpé le titre, et c'est au moyen d'un vol que vous osez réclamer une partie de ma propriété? Il n'y a pas *égalité* dans nos moyens de vivre; moi je n'ai que le travail, vous, vous avez le vol devenu respectable sans doute en raison de son antiquité; mais votre rente foncière n'en est pas moins une toison d'or ravie.

Et vous, ancien censier, ancien vassal, que me réclamez-vous donc, au nom de votre glorieuse propriété? Un afféagement, un cens, une prime sur mes produits? Autrefois vous les payiez au seigneur, aujourd'hui vous voulez qu'on vous les paye? Il est vrai que la Révolution en a dépouillé le suzerain pour vous en enrichir, mais l'origine de ce droit est-elle votre industrie? Non! Eh bien! il n'y a rien de sérieux, de respectable aux yeux de la justice que le fruit du travail; votre droit est vicié dans sa source, je ne vous dois rien! Voilà, armé de la définition de la propriété donnée par M. Thiers, le langage que tiendrait le travailleur aux héritiers du domaine féodal. Ce langage prouve que le fief a survécu à la Convention, et que la vassalité est encore la condition du travail; seulement au lieu de l'appeler *roture*, on la désigne sous le nom de *salariat*.

En quoi donc la Convention a-t-elle failli à sa mission ; en quoi a-t-elle mal compris le dogme sacré de l'égalité ; en quoi n'a-t-elle pas défini la propriété comme M. Thiers, voilà ce qu'il faut très-brièvement établir.

La Convention avait devant les yeux le spectacle des détestables abus du fief nobiliaire, abus ménagés par la Constituante ; elle voyait que la qualité de la personne constituait une indivision forcée dans laquelle le censier seul produisait et payait. Voulant avant tout son affranchissement personnel, elle supprima toutes les redevances féodales, en disant : Tout ce que le travailleur produira désormais, et qui était autrefois l'objet d'une communauté féodale, sera sa pleine et entière propriété ; mais tout ce qui était objet d'une communauté propriétaire et foncière restera indivis entre le seigneur, le propriétaire, le domainier oisif, et le censier travailleur seul rendant peine.

La Convention abandonna donc sa première idée de rattacher tout au travail et recourut à celle de l'occupation première pour conserver la prestation ou service fonciers.

Aussi produisit-elle le dogme de l'*égalité personnelle* devant la loi, et celui de l'*inégalité* dans les moyens, dans les relations de l'homme avec le sol, avec les richesses sociales, avec la vie.

Si cette assemblée cébèbre, arborant la fameuse définition de la propriété donnée par M. Thiers, avait dit :

1° Tout domaine éminent est aboli ;

2° Désormais le travail seul donne droit à la personnalisation du sol ;

3° L'exploitation personnelle est la condition de la propriété ; on perd la propriété en cessant d'exploiter ;

4° Tout travail humain engendrant la propriété, un travail collectif est nécessairement une propriété indivise ; dès lors l'association de tous les travailleurs est écrite dans le dogme même de la propriété.

Qu'aurait produit un pareil décret ?

Il aurait réalisé dans notre société cette sainte égalité que le communisme poursuit à travers les délires de sa formule, il aurait enfanté non pas cette égalité de bien-être, promesse imprudente du sensualisme, mais cette égalité de moyens dont le développement et l'application doivent être l'ouvrage du travailleur et l'objet de son initiative personnelle.

Entre l'homme et les moyens de vivre ne se seraient pas trouvées, ici, la fatale rente foncière, débris d'une organisation féodale ; là, cette fatale occupation première de censiers devenus propriétaires par la spoliation du seigneur. Au lieu de rencontrer au début de sa vie des faits antérieurs et accomplis qui le limitent, le restreignent dans le salariat et l'étouffent jusqu'au paupérisme, le travailleur n'aurait trouvé que le travail, compagnon éternel de son existence ; le travail, qui est la liberté dans son application la plus belle, puisqu'elle mène à la propriété.

Mais la Convention ne définissait pas la propriété comme l'a fait M. Thiers dans son célèbre discours *sur le droit au travail :* aussi a-t-elle été amenée à conserver le domaine foncier, la directe seigneuriale et la noblesse *des premiers occupants.*

La Convention dès lors devait fatalement aboutir à une monarchie, et pour prédire ce grand événement, il suffisait de se rappeler cette série économique dont tous les points sont inébranlablement unis :

Usure, *Domaine éminent*, *Monarchie*, correspondant à ces trois termes : *Débiteur*, *Vassal*, *Sujet.*

Ainsi en respectant le fief propriétaire, la République de 93 avait créé sous ses pas l'abîme des empires et des monarchies, et les thermidoriens, en guillotinant Robespierre qui ne voulait pas du *domaine éminent personnel*, avaient enseveli avec lui l'idée républicaine pour se rejeter dans la vassalité, la Restauration et le droit divin, c'est-à-dire dans l'inégalité.

M. Thiers a donc donné de la Propriété la seule définition qui soit compatible avec le suffrage universel, avec l'égalité, avec la République enfin.

Le Droit.

La communauté, dans son ébauche de socialisation, cherche partout à réaliser la règle, la loi, le droit; mais comme elle en tente la réalisation en dehors des faits, en dehors de la nature, en dehors de la raison privée et de l'indépendance personnelle, elle ne produit que des décrets de despote ou des ukases sanguinaires.

La règle, pour être déterminée, doit avoir pour point de départ la science des faits humains. La liberté est à cette condition, et la loi la réalise quand elle met les nécessités personnelles au niveau des nécessités sociales, et ne leur donne pour limite que leur propre équilibre. Ainsi la monarchie est un gouvernement de volonté ; la loi n'y est pas dans sa dernière expression de justice, parce que le monarque domine et gouverne les volontés de l'espèce : le suffrage universel, au contraire, est le gouvernement de la nécessité, de l'autorité collective, et seul il est appelé à nous doter du droit.

Mais, pour cela que de révolutions juridiques à faire ! que de préjugés à renverser !

Quand on transporte d'un climat dans un autre des règles de droit privé ou de droit politique, fait-on autre chose que d'imiter la loi communautaire, qui étend partout aveuglément son principe et son niveau ?

N'est-ce pas courir au despotisme que d'aller puiser, dans le spectacle de la démocratie américaine, les inspirations et les exemples nécessaires à la fondation de notre démocratie ? La science de la justice n'est-elle pas la science des faits géographiques, des nécessités climatériques, des produits naturels, des traditions juridiques, des conquêtes légitimes et nationales de la raison sur le préjugé et la passion? A quoi sert de paperasser l'Angleterre et d'aller feuilleter en courant la Constitution américaine pour faire la Constitution française?

La Constitution d'un pays est écrite dans son ciel, dans ses campagnes, dans son passé, dans son présent et dans l'homme qui l'habite; elle y est tracée en caractères grandioses, c'est aux savants, aux constituants à les déchiffrer. Il en est de même des lois.

Répétons-le donc, le droit, le véritable droit, celui qui contient l'équité à pleins bords et respecte l'indépendance, ce droit, vainement tenté par le régime communautaire, est le résultat simple, immédiat de la science des faits, de la nécessité de la vie universelle; ce droit enfin que tous appellent sera conquis le jour où il y aura pour l'homme garantie pour sa liberté, garantie pour son inégalité intellectuelle et morale.

J'en ai fini avec la communauté; j'ai démontré qu'au milieu de ses imperfections, elle avait cependant essayé l'égalité et le droit, et qu'il fallait l'imiter, en donnant à ces deux bases de la troisième forme sociale une définition tout autre : ma tâche est accomplie.

Travailleur attaché au grand œuvre de la production sociale, vous dont le travail et le génie ont toujours été sans fruit et sans repos, vous dont la main fatiguée n'a jamais pu saisir la propriété, cet abri dans nos orages économiques; vous enfin, le roturier de ce fief prévaricateur qui a l'usure pour blason, détournez vos espérances des promesses perfides que vous font les commis-voyageurs de l'Égalité icarienne! Attendez! Vos souffrances sont comptées, le génie conventionnel va reprendre son bâton de voyage, et bientôt sa main souveraine fera disparaître les restes de ces pignons féodaux qui oppriment encore le travail et en font le vassal du tiers-État.

APPENDICE.

Le rapport de la commission d'enquête sur les événements de Mai et de Juin contient, dans son premier volume, les discours de M. Louis Blanc aux délégués du Luxembourg. Nous allons en donner les extraits, qui justifieront les critiques adressées dans ce volume au système de ce socialiste.

1° L'État est débiteur des instruments de travail, l'initiative personnelle n'a pas à s'en préoccuper.

(Page 125.)

« On nous a reproché de vouloir faire de l'État l'accapareur (1) de l'industrie et de la production. Ce reproche est une calomnie; jamais nous n'avons dit que l'État devait se faire accapareur d'industrie, absorber toutes les activités individuelles; jamais nous n'avons dit cela : nous avons dit que l'État doit prendre l'initiative d'une révolution qui tend à substituer le principe de l'association au principe de l'individualisme : nous avons dit que l'État, comme tuteur de la Société tout entière, *doit* à tous ceux qui la composent tous les instruments du travail.

« L'État intervenant dans la Société pour que chacun ait des instruments de travail, que chacun jouisse des fruits de son tra-

(1) Que l'État se mette résolument à la tête de l'Industrie. Page 111 de l'*Organisation du travail,* de M. Louis Blanc.

vail, l'État exerce une tutelle qui non-seulement est légitime, mais qui lui est imposée par le plus sacré, par le plus imprescriptible des devoirs; car, lorsque l'État se met en dehors de la Société, qu'il cesse de la représenter, de la résumer, l'État est l'ennemi de la Société. »

2° La personnalité doit être confondue dans la généralité.

(Page 126.)

« On nous a reproché aussi de ne pas faire assez de fond sur l'intérêt personnel; l'intérêt personnel, c'est nous qui le voulons, c'est nous qui demandons qu'il soit développé, mais développé d'une manière normale, d'une manière vraie, au profit, non pas de quelques-uns, mais de tous : l'intérêt personnel n'est légitime, sacré, que lorsqu'il s'associe à l'intérêt général, à l'intérêt de tous sans exception. Nous ne voulons pas de l'intérêt personnel resserré en lui-même, de cet intérêt personnel qui s'appelle l'égoïsme; nous voulons de l'intérêt personnel associé à l'intérêt de tous, de cet intérêt personnel qui sur les champs de bataille s'appelle gloire, qui dans une nation s'appelle patrie, qui dans la région des âmes élevées par le sentiment de la fraternité, par le sentiment de l'amour, s'appelle humanité. (Applaudissements.)

« Mais c'est cet intérêt personnel qu'il faut servir, qu'il faut proclamer; c'est de cet intérêt personnel qu'il faut partir pour fonder la société humaine sur une base inébranlable, sur la base de la paix, de la fraternité, de l'union. C'est cet intérêt personnel que je vous recommande particulièrement à vous, hommes du peuple, car, plus que tous les autres, vous avez besoin de rester unis. La division, soyez-en assurés, ce sera votre ruine, ce sera la continuation de votre oppression. Un de nos grands révolutionnaires disait, pour sauver notre première Révolution, qui n'avait pas porté tous ses fruits : « De l'audace, de l'audace, toujours de l'audace ! » Eh bien! à vous, hommes du peuple, je vous dis : « Le secret de la Révolution à maintenir, à sauver, à faire aboutir à l'abolition du prolétariat, à l'affranchissement du peuple, c'est l'union, encore l'union, toujours l'union. » (Applaudissements.)

3° Le salaire doit être proportionnel aux besoins et non à la capacité ; avoir des besoins multipliés, c'est s'enrichir.

(Page 129.)

« Je vous demande quelques explications, parce que ma pensée a été mal comprise.

« Remarquez d'abord ceci : je n'indique pas l'égalité de salaire comme la réalisation d'un principe de justice absolue ; et pourquoi ? Par une raison bien simple : c'est que dans une association, par exemple, les besoins peuvent être différents. Or, si l'on doit exiger de chacun selon ses forces, il n'est pas juste de donner à chacun autrement que selon ses besoins ; comprenez-vous bien ? Or, par le système de l'égalité absolue de salaire, vous traitez celui qui a le plus besoin exactement comme celui qui en a le moins ; ce n'est pas là un principe de justice absolue. Ainsi, l'égalité de salaire, attaquée dans notre projet d'organisation du travail, nous l'avons proposée ; nous ne l'avons pas proposée comme atteignant le principe de la justice absolue, mais uniquement comme un acheminement à ce principe.

« Ainsi, quelle est aujourd'hui la seule proportionnalité établie ? C'est celle qui consiste à dire : Vous donnerez à chacun selon sa capacité. Eh bien ! je déclare qu'il n'y a rien au monde de plus inique, de plus contradictoire dans les termes mêmes ; car enfin, donner à chacun selon ses facultés, qu'est-ce que cela veut dire ? Cela veut dire que celui-là a le plus de besoins, qui a le plus d'intelligence ou le plus de force. (*Une voix :* Cela est, mais ne doit pas être.) Évidemment, comment, quand je suis, moi, un célibataire, par exemple, et quand j'ai plus de force que mon camarade, je dois avoir plus, par cela seul que j'ai plus de force ! Si mon camarade qui a moins de force est marié, s'il a une famille, cinq, six enfants, s'il a des devoirs à remplir envers sa femme et ses enfants, pourquoi aurais-je, moi, le droit de faire cent repas dans un jour, et pourquoi, lui, parce qu'il est plus faible, n'aurait-il pas le droit de donner un morceau de pain à sa femme et à ses enfants ? (Applaudissements.)

« Il ne s'agit pas de donner à chacun selon ses forces ; la vérité est qu'il faut exiger de chacun selon ses forces, et qu'il faut donner à chacun selon ses besoins, ou bien selon les besoins de sa famille. Voilà le principe juste, et quand je demande que le principe de l'égalité du salaire soit proclamé, vous comprenez bien que cela ne réalise pas le véritable principe; mais je dis qu'il y a là un acheminement à la réalisation du principe véritable, parce qu'on détruit le rapport injuste, le rapport inique qui a été établi jusqu'ici dans la société entre les facultés qui correspondent à l'homme actif et la rétribution qui correspond à l'homme passif, c'est-à-dire à l'homme qui a besoin et non pas à l'homme qui a des forces. (Applaudissements.)

« Il y a plus. On veut que la capacité, que la supériorité de force soit la mesure de la rétribution. Eh bien ! alors, il faut qu'on m'explique pourquoi il y a des maisons pour les fous, pourquoi il y a des hôpitaux pour les vieillards, et pourquoi, dans la plupart des associations d'ouvriers, il y a un fonds de réserve pour les blessés. Il faut qu'on m'explique cela, car, lorsqu'un homme devient vieux, peut-il prêter un appui suffisant à l'association ? Quand un homme devient vieux et qu'il n'a plus de force, lui demande-t-on de montrer sa capacité pour mesurer sa rétribution? Non ! on dit : Protégeons le vieillard, quoiqu'il ne puisse plus rendre de services à la société, parce que le vieillard est un homme qui a travaillé, et que la rétribution ne doit plus se mesurer sur la capacité, mais doit naître du sentiment de la fraternité humaine. (Bravos.) Et le fou, quels services rend-il à la société ? Quelle capacité a-t-il ? Eh bien ! je vous le demande, quel est celui d'entre vous qui oserait proposer de noyer les fous qui sont à Bicêtre ? Et cependant, remarquez la nécessité, la conséquence logique du principe qui veut que l'on ne rémunère l'homme que suivant ses forces, que suivant les services qu'il rend à la société : le fou ne rend pas de services à la société; non-seulement il ne rend pas de services, mais il lui est une charge. Cependant, nous déclarons cette charge sainte, nous qui sommes chrétien, nous qui avons été imbu des principes de fraternité de l'Évangile. Et le principe dont je parle est tellement sacré, il a toujours de tout temps parlé tellement au cœur des peuples, qu'avant l'avénement du Christ, qui mourut sur une croix pour le salut des hommes, dans la société païenne, tout individu atteint de folie était regardé comme sacré ; et tous les hommes capables se réunissaient pour soutenir la vie de celui qui était déclaré complétement incapable. Voilà une haute proclamation du principe; et cette proclamation, elle a retenti d'un bout à l'autre de l'histoire; cette proclamation, c'est la protestation du genre humain contre le principe : A chacun suivant sa capacité, suivant ses œuvres; c'est la protestation du genre humain, depuis qu'il existe, en faveur de ce principe : A chacun suivant ses besoins; et non pas : A chacun suivant ses facultés. » (Applaudissements.)

4° L'antagonisme cause tous les désordres sociaux.

(Page 135.)

« Allons plus loin, et poursuivons le problème jusqu'au bout.

« Avec la concurrence et le désordre immense qu'elle crée dans la société, à quoi arrivez-vous ? Vous arrivez à produire un désordre tel, que pour réparer les maux qui naissent de ce désordre, vous êtes obligés d'employer une foule d'êtres parasites, qui ne contribuent en rien à la production, qui dévorent une partie des richesses de la société et qui l'appauvrissent d'autant. Si la société était une famille, si la société vivait sur ce sentiment de la fraternité, qui est, j'aime à le dire et à le crier bien haut, la grande source de la richesse, auriez-vous tous ces impurs procès qui dévorent le pauvre ?

« Ainsi, la concurrence est une cause d'appauvrissement, parce qu'elle rend nécessaire une foule d'hommes qui ne vivent, comme je le disais, que du désordre universel, qui ne produisent rien, qui consomment beaucoup, et qui s'alimentent de tous les désordres de la civilisation, désordres qu'il s'agit de détruire.

« Je passe à un autre point de vue. »

5° Champs Élysées de M. Louis Blanc.

(Page 136.)

« Si la société entière était composée de frères, et que le génie arrivât à découvrir une somme telle de machines qu'elles pussent faire le travail humain, je vais vous présenter ici un exemple saisissant, et je vous prie de le méditer. Je suppose que le génie de l'homme soit arrivé à un tel degré de perfectionnement que tout le travail humain puisse être fait par des machines : dans l'hypothèse où tous les hommes associés seraient solidaires les uns des autres, seraient frères, formeraient enfin une immense famille, quel serait le résultat de cette invention d'un certain nombre de machines faisant tout le travail humain et le remplaçant? Le résultat serait celui-ci : que tous les hommes pourraient consacrer presque toutes leurs journées au repos, et qu'étant assurés d'avoir une part afférente dans lèurs besoins, dans la participation aux richesses publiques, tout le travail humain serait remplacé par le travail des machines; et que tous les hommes étant heureux, pourraient se livrer aux rêves de leur imagination, cultiver les arts, élever leur intelligence. Vous comprenez bien cela ? » (Oui, oui!)

6° La concurrence, l'émulation, la rivalité personnelle sont une cause de misère : la trop grande production amène un appauvrissement général; la misère est le fruit de l'abondance.

(Page 139.)

«Le principe de la société, vous le savez bien, est le principe de l'antagonisme, de l'isolement, de la concurrence : voyez ce qu'il porte dans ses flancs. La concurrence, c'est l'enfantement perpétuel de la misère, d'abord, parce qu'au lieu d'associer les forces de manière à leur faire produire le résultat le plus utile possible, elle les frotte perpétuellement les unes contre les autres, de manière à les détruire incessamment les unes par les autres. Où est aujourd'hui l'atelier qui fait des bénéfices, sans que ces bénéfices représentent la ruine de tous les ateliers rivaux? Quelle boutique, aujourd'hui, construit-on, sans avoir profondément dans le cœur le désir de ruiner le voisin de droite et le voisin de gauche? Quelle est, aujourd'hui, la fortune qui ne se compose pas de cent destructions et de cent ruines? Quel est le bonheur du riche qui ne se compose de toutes les larmes des malheureux? (Applaudissements.) Aujourd'hui, la fortune d'un seul individu représente le malheur de plusieurs milliers d'hommes. S'il en est ainsi, la société est maudite, car cela est inique, effroyable; car une société composée de telle sorte, que le bonheur des uns correspond nécessairement aux souffrances des autres, n'est pas une association; c'est une guerre impie, hypocrite. Vous n'avez pas le droit d'appeler une société la réunion de forces dont les unes ne triomphent que par l'incessante destruction des autres. Êtes-vous de cet avis? (Oui! oui!) Eh bien! je vous remercie de cette interruption, car j'ai besoin, contre les calomnies qu'on débite contre nous, contre les attaques qui pleuvent aujourd'hui sur la tête des hommes qui vous défendent, de l'égide de votre adhésion et de votre sympathie. J'aime entendre ce *oui* sortir de vos cœurs à une question que je prends au fond de mon cœur, quand je vous l'adresse. (Applaudissements.)

« Je vous disais tout à l'heure, mes amis, que la concurrence était une cause de pauvreté, parce qu'elle entraîne une énorme déperdition de travail humain, parce que, chaque heure du jour, sur chaque point de la société, quiconque réussit représente quelqu'un qui a succombé; et ce quelqu'un qui a succombé, c'est évidemment une perte pour la société toute entière.

« Ces résultats de la concurrence se multiplient chaque jour, à chaque heure, sur chaque point de la France; la masse des richesses résultant de ce travail ainsi perdu et détruit compose une masse tellement effrayante, que si l'on pouvait en faire le calcul, on reculerait d'effroi; et c'est précisément parce qu'on ne fait pas ce calcul, qu'il y a tant de gens qui osent nous dire que la concurrence est un principe de richesses. Ce que j'affirme, moi, et avec la rigueur du mathématicien, du géomètre, de l'homme de chiffres, c'est que la concurrence est, pour la société tout entière, une source intarissable d'appauvrissement continu et de misère.

« Allons plus loin. La concurrence est une cause d'appauvrissement général et de misère, parce qu'elle livre la société au gouvernement grossier, au gouvernement imbécile du hasard. Quel est celui, dans le système de la concurrence, qui peut répondre, comme je le disais dernièrement à l'assemblée des patrons, de sa bonne conduite, de sa prévoyance, de sa sagesse? Personne. La concurrence force les producteurs à produire dans la nuit, à produire en vue d'un marché dont il leur est absolument impossible de déterminer les ressources, de calculer les limites. »

EXTRAITS DU MONITEUR.

—

Égalité de salaire.

(Page 674 de 1848.)

« Il y a à choisir entre deux systèmes, ou des salaires égaux, ou des salaires inégaux : nous serions, nous, partisan de l'égalité, parce que l'égalité est un principe d'ordre qui exclut les jalousies. »

Pas de liberté sans égalité. Le nivellement est la loi d'une République égalitaire.

(*Moniteur*, page 674.)

« Nous sommes parti de ce point qu'il n'y a pas de liberté toutes les fois qu'il y a inégalité; et pourquoi? Par cette raison bien simple que toutes les fois que les forces sont inégales, la lutte conduit à une victoire et à une défaite. Eh bien! le vaincu est-il libre? »

FIN.

www.ingramcontent.com/pod-product-compliance
Ingram Content Group UK Ltd.
Pitfield, Milton Keynes, MK11 3LW, UK
UKHW020330230726
13925UKWH00002B/725

9 782014 055511